Stories FROM THE 성서이야기 BIBLE

옮김 | 최민희　그림 | 이일선

월드컵

들어가는 글

성경은 각기 다른 시대, 다른 직업을 가진 약 40명의 사람들에 의해 B.C. 1500년부터 A.D. 100년 (약 1600년)에 걸쳐 기록된 책입니다. 그러나 그토록 다양한 역사와 문화, 장소 안에서 다양한 저자들이 집필했음에도 처음부터 끝까지 한 사람이 쓴 듯 그 주제가 통일되어 있으며, 일관된 모습을 하고 있는 이 세상 어떠한 책과도 비교할 수 없는 특성을 지닌 신비한 책입니다.

인간의 언어로 기록된 하나님의 말씀인 성경은 총 66권으로 이루어진 도서로, 구약 39권, 신약 27권으로 구성되어 있으며, 각 권이 다 달라 보이지만 그 하나하나가 퍼즐같이 앞뒤가 들어맞으며, 그 안에 역사와 문화, 철학, 예언 등 수많은 것이 망라되어 있습니다.

성경은 역사, 철학, 과학 등 여러 분야와 연관된 책으로, 흥미로운 모험과 신비, 그리고 살아가면서 사람들이 지켜야 할 것들로 가득 차 있습니다. 또한 성경은 하나님의 감동으로 기록된 것으로서 진리를 가르치고 잘못을 책망하며 허물을 고쳐주고 올바르게 사는 훈련을 시키는데 유익한 책입니다.(디모데후서 3:16) 지구상에 있는 책들 중에서 가장 많은 언어로 번역된 책이기도 합니다.

이 책은 구약 성경의 종합적이고 필수적인 부분들을 담고 있으며, 읽기에 쉽고, 영어를 공부하기에도 쉽게 만들었습니다. 성경은 많은 상징과 비유로 되어 있어 바르게 이해하기 힘들 수도 있으나, 여기에서는 이해하기 쉽도록 쉬운 이야기로 씌어졌으므로 성서를 바르게 이해하는 데 좋은 길잡이가 될 것입니다. 책의 처음과 끝에 나오는 성경 구절 부분은 NIV(New International Version)로 수록했습니다.

여러분은 이미 성경의 몇 가지 이야기들은 알고 계실 것입니다. 구약에서는 천지창조, 거대한 홍수, 이집트 탈출, 그리고 하나님이 약한 사람들을 통해서 어떻게 위대한 승리를 거두게 하는 지 볼 수 있으며, 노아, 다니엘, 모세와 같은 용감한 남자들과, 룻, 에스더와 같은 용감한 여자들도 만나볼 수 있습니다. 이 책을 읽게 되면 성경이 아주 흥미로운 책이라는 것을 느낄 수 있을 것입니다. 그리고 이 이야기들은 종교를 떠나서 사람들에게 많은 감동과 영감을 줄 것입니다.

전 세계 2400여 개의 언어로 번역되고 출판된 책. 인류 역사상 최고의 베스트셀러인 성경을 쉽고 재미있는 이야기로 만나보세요.

차 례

아담과 이브 — 실낙원

"하나님께서 그들을 축복하셨다." — 창세기 1:28

태초에 하나님이 하늘과 땅을 창조할 당시에, 세상에는 암흑과 공허만이 존재했으며, 하나님의 영이 광대한 심연 위에 활동하고 계셨다. 하나님이 "빛이 있으라"하고 말씀하시자, 빛이 나타났다. 하나님은 이 빛을 '낮' 이라고 부르시고, 어둠을 '밤' 이라고 부르셨다. 이윽고 저녁이 지나고 아침이 되니, 이는 첫째 날이었다.

그러고 나서 하나님은 세상을 아름답게 만들기 위해서 날마다 새로운 것을 창조하셨다. 하나님이 말씀하시니, 물이 한곳으로 모여 거대한 바다를 이루었고, 이 물 위로 마른 육지가 솟아 올라왔다. 다시 하루가 지나자, 대지는 목초와 꽃, 덤불과 나무로 뒤덮였고, 이 식물에서 싹이 나고 점점 자라더니 안에 씨가 맺혔다. 또 하루가 지나니, 찬란한 빛을 내는 물체들, 즉 태양, 달, 그리고 별들이 하늘에 나타났다. 태양은 낮을 환하게 비추었으며, 달은 어두운 밤을 밝혔다. 다시 하루가 지나 하나님이 말씀하시자, 새들이 훨훨 날아다니며 나무와 덤불 속에서 지저귀기 시작했다. 또한 갖가지 형태의 거대한 동식물과 물고기가 바다를 가득 채웠다. 또 하루가 지나자, 각 종류별로 하나씩 만든 다양한 종류의 동물들과 기어 다니는 생물들이 세상에 가득 찼다.

Adam and Eve — Paradise Lost

"God blessed them." — Genesis 1:28

IN the beginning, when God made heaven and earth, there was nothing but darkness and void, and the spirit of God moved over the vast deep. He spoke "Let there be light," and there was Light. And He called the Light "Day," and the Darkness He called "Night." And there was Evening and there was Morning, One Day.

And God created day by day new things to make this world beautiful. He spoke, and the water gathered themselves into mighty seas, and the dry land rose above the waters. And again a day passed, and the earth was covered with grass and flowers, with bushes and trees, which sprouted and grew and had their seeds in them. And another day passed, and the great luminaries appeared in the heavens—the Sun and the Moon, and also the Stars. And the Sun was to shine during the day, and the Moon to light up the night. Again a day passed, and God spoke, and birds began to flit about and to twitter, to sing in the trees and bushes; and monsters and fishes filled the seas. And another day passed, and the earth was filled with all kinds of animals and creeping things, each one according to its kind.

그리고 마지막으로 하나님은 땅의 티끌로 사람을 만들고, 코에 생명의 숨결을 불어넣었다. 그러고 나서 그에게 아내를 만들어 주셨다. 하나님은 남자에게 아담, 여자에게 이브라는 이름을 지어 주고, 축복을 내린 후에, 이 세상의 모든 동물과 맹수, 조류와 어류를 다스리게 하시고, 땅의 소산과 나무의 열매를 양식으로 삼으라고 명령하셨다.

하나님은 아담을 만드는 것을 마지막으로, 새로운 만물의 창조를 끝마치셨다.

그리고 안식일(일곱째 날)이 되었는데, 이 날에 하나님은 창조하시던 일을 다 마치시고 휴식을 취하셨다. 하나님은 아담과 이브를 에덴 동산에 두시고, 그곳에서 행복한 삶을 누리게 하셨다. 하나님은 에덴 동산의 한복판에 두 그루의 나무를 심으셨는데, 그 중 하나는 선악을 알게 하는 나무(선악과)라고 부르고, 다른 하나는 영원한 생명 나무라고 부르시며, 아담과 이브에게 명하기를 동산에 있는 과일은 무엇이든지 먹어도 되나 선악과에 열린 과일만은 절대 먹지 말라고 하셨다.

동물들 가운데 사악한 뱀이 있었는데, 이 뱀은 아담과 이브의 행복을 시기했다. 그래서 뱀은 이브에게 다가와 말했다. "하나님이 이 동산에 있는 과일은 아무 것도 먹지 말라고 하셨어?" 이브가 순진하게 대답했다. "아니야. 동산에 있는 모든 나무의 과일을 먹어도 된다고 하셨어. 하지만 동산 중앙에 있는 나무에 열린 과일은 절대로 먹지 말라고 하셨어." 이어 그녀는 덧붙여 말했다. "그 열매는 만지지도 말라고 하셨어. 그렇게 하면 우리는 죽음을 당하게 될 거야."

And last of all God made Man out of the dust of the earth, and blew into his nostrils the breath of life. Then he made him a wife. And God called the Man Adam and the Woman Eve, and He blessed them, and made them rulers of this world, over all the animals and beasts, over all the birds and fishes, and ordered them to live only upon the yield of the earth and the fruits of the trees.

And when God had made Adam, He had finished with the Creation of New Things.

And there came the rest of the Sabbath Day, for on it God had ceased from His work. And God took Adam and Eve, and placed them in the Garden of Eden, where they were to live a happy life. And in the midst of that garden He planted two trees: the one He called the TREE OF KNOWLEDGE of Good and Evil, and the other He called the TREE OF EVERLASTING LIFE; and God told Adam and Eve that they might eat of any fruit in the garden, but not of the fruit of the Tree of Knowledge.

Among the animals there was the cunning serpent, who was envious of the happiness of Adam and Eve, so he came to Eve and said: "Has God said that you are not to eat of any of the fruit of the garden?" The woman replied, in her innocence: "Of the fruits of the trees of the garden we may eat, but of the fruit of the tree which is in the midst of the garden, God has said we may not eat"; and she added, "Neither may we touch it, lest we die."

그러나 뱀은 그녀의 호기심을 자극하고 유혹하는 방법을 알고 있었다. 뱀이 말했다. "너희는 절대로 죽지 않을거야. 오히려 너희의 눈이 밝아져서 선과 악을 분별하게 될 거야." 순진하게도 이브는 뱀의 말을 믿었다. 그래서 그녀는 하나님의 명령을 잊어버리고 선악과에 손을 뻗었다. 이브가 그 과일을 보니 먹음직스럽고, 보기에도 아름다웠다. 지혜로워지고 싶은 욕심에 사로잡힌 이브는 열매를 따서 먹었다.

✳ ✳ ✳

But the serpent knew how to arouse her curiosity and how to tempt her. And he said: "You will not die, but your eyes will be opened and you will know what is good and what is evil." The woman, in her innocence, trusted in the serpent's word, and, forgetting the command of God, stretched out her hand; and when she saw that the fruit was good to eat and a delight to the eye, being desirous of becoming wise, she took of it and ate.

이브는 눈이 밝아지자, 곧바로 자신이 선이 아니라 악을 행했다는 것과, 하나님의 명령을 어겼다는 것을 깨달았다. 그리고 이브는 그 열매를 아담에게 주어서 먹게 했다. 그래서 아담의 눈도 밝아지게 되었다. 아담은 두려움과 양심의 가책에 사로잡혀, 그들은 동산의 나무 사이로 몸을 숨겼다.

오후가 되어 날이 선선해지자 동산을 거니시는 하나님의 음성이 들렸다. 하나님이 아담을 부르시며 말씀하셨다. "아담아, 어디 있느냐?" 아담과 이브는 하나님의 부르심에 따라 앞으로 나와 말했다. "하나님의 목소리를 듣고, 발가벗고 있는 몸을 보이는 게 창피하여, 우리가 몸을 숨겼습니다." 하나님은 그들이 저지른 일을 알아차리시고, 이렇게 말씀하셨다. "네가 벗은 것을 누가 말해주더냐? 내가 먹지 말라고 명한 선악과의 열매를 먹은 게 틀림없구나." 아담은 자신의 행위를 변명하려 애쓰며 잘못을 여자의 탓으로 돌렸다. 그는 말했다. "하나님께서 저에게 주신 여자가 과일을 주어서 제가 먹었습니다." 여자 또한 자신의 차례가 되자 변명하려 애쓰며 말했다. "뱀이 저를 꾀었습니다."

하나님은 그들을 불쌍하게 여겨서, 그들이 행한 일에 대응한 중한 벌을 내리지는 않았다. 하나님은 자신이 창조한 만물을 사랑하는 까닭에, 자비를 베풀어 처벌을 경감하셨다. 하나님은 그들을 즉시 죽이는 대신에 그들이 자손들을 데리고 땅에서 종신토록 산 후에 죽을 것을 허락하셨다.

Her eyes were opened, and she at once knew that what she had done was not good but evil, and that she had disobeyed the commandment of God. Then she took of the fruit and gave Adam to eat of it, and his eyes also became opened. Fear and remorse seized him, and they hid away among the trees in the garden.

It was in the cool of the afternoon that the Voice of the Lord was heard traveling through the garden. And the Lord called Adam and said, "Where are you?" And Adam and Eve came forth at the bidding of the Lord, and said, "We heard Your Voice and we hid ourselves, for we were naked and ashamed to show ourselves." And the Lord, Who knew what they had done, said to them, "Who told you that you were naked? Truly you must have eaten of the fruit of the Tree of Knowledge, which I had forbidden you." Adam tried to excuse himself, and put the blame upon the woman. And he said, "The woman you have given me, she gave me of the fruit, and I ate it." And the woman, in her turn, tried to excuse herself and said, "The serpent beguiled me."

Then God took pity on them, and He did not punish them so severely as He had threatened. He tempered His justice with mercy, for God loved all that He had made. Instead of killing them at once, He allowed them to live long enough to people the earth with their children, and then die.

그들은 죽을 운명을 가지고 창조되었기에, 어떠한 경우라도 영생할 수 없도록 생명 나무의 열매를 먹지 못하게 했으며, 낙원에 머무는 것도 더 이상 허락하지 않으셨다. 아담과 이브는 불순종으로 인해 인생의 행복을 박탈당했다. 그러나 낙원 밖에서의 삶에서도 하나님의 사랑은 그들을 저버리지 않으셨다. 따라서 죄를 받고 있는 동안에도 그들은 안락과 기쁨을 찾을 수 있었다.

그들에게 그 모든 악을 가져다 준 장본인이 뱀이었기 때문에, 하나님은 뱀에게 가장 가혹한 벌을 내렸다. 뱀은 그때 이후로 배로 땅 위를 기어 다니며 흙으로 범벅이 된 음식을 먹어야 했다. 하지만 뱀은 다시 이브의 자손을 해치려고 하고, 그들의 발꿈치를 상하게 할 것이며, 이브의 자손은 뱀의 머리를 상하게 할 것이라고 하나님은 말씀하셨다.

하나님은 여자에게 어머니로서의 기쁨을 약속하셨으나, 거기에는 점점 늘어나는 고통이 함께 할 것이라고 하셨다. 자녀를 양육하는 데에는 대단히 큰 고난과 어려움이 따를 것이다. 하지만 여자는 남편의 사랑 속에서 위안을 찾게 될 것이다.

그리고 아담에게 하나님이 말씀하시기를, 이마가 땀에 젖도록 고생해서 땅을 경작해야 땅의 산물을 얻을 수 있을 것이라고 하셨다. 노력하지 않으면 땅에서는 엉겅퀴와 가시덤불만이 자랄 것이므로, 인간은 열심히 일해야만 하는 것이다. 그리고 죽음의 순간이 다가올 때, 인간은 자기가 태어난 흙으로 다시 돌아갈 것이다.

They had been created mortal, and as they had not eaten of the fruit of the Tree of Life, they would in any case not live forever, but they would no longer be allowed to stay in Paradise. By their disobedience they had forfeited the happiness of that life. Yet in the life outside Paradise God's love would not forsake them. And even in their punishment they could find comfort and joy.

God was most severe with the serpent, for it had brought all that evil upon them. It was now to crawl upon the ground and mingle dust with its food. But when it attempted again to hurt the children of Eve, and try to wound the heel, man should be able to crush its head.

To the woman God promised the joy of Motherhood, but there should be also with it an increase of sorrow. The rearing of children would cause her great suffering and pain. But she would find consolation in the love of her husband.

And to Adam God said, that if he tilled the ground he would be sure to obtain food, though by the sweat of his brow. For otherwise the earth would grow nothing else but thistles and thorns, so he must work very hard. And when his time of death would come, he would return again to the earth from which he had been taken.

인간은 고된 일, 슬픔과 비통, 시련과 고통, 고뇌와 쓰라린 경험을 통해서, 아담과 이브가 하나님의 명령에 복종하지 않고 교활한 뱀의 유혹의 속삭임에 넘어간 채, 에덴의 동산에서 자라는 나무에서 단번에 움켜쥐려고 했던 선악의 분별을 천천히 그리고 고통스럽게 깨닫게 될 것이다.

아담과 이브가 에덴 동산에서 쫓겨난 때부터, 화염검을 든 천사들이 동산 입구에서 보초를 서며 생명의 나무에 이르는 길을 차단했다.

이렇게 해서 아담과 이브는 지금까지의 삶과는 완전히 다른 새로운 삶을 시작했다. 그들 사이에 가인과 아벨이라는 이름의 두 아들이 태어났다. 형인 가인은 아버지를 따라 농사를 지었고, 아벨은 양을 돌봤다. 어느 날 그들이 하나님에게 예물을 드렸다. 가인은 땅에서 얻은 농산물을 드렸고, 아벨은 자기 양의 첫 새끼를 드렸다.

Through heavy work, sorrow and grief, trial and pain, suffering and bitter experience, man would attain slowly and painfully that knowledge of good and evil which Adam and Eve, in their disobedience to God's orders and listening to the whisperings of the cunning serpent of passion and temptation, had tried to snatch at once from the tree which grew in the beautiful garden.

Adam and Eve were now turned out from the Garden of Eden, and Angels carrying flaming swords guarded the entrance henceforth, closing the road to the Tree of Everlasting Life.

So they began a new life, totally different from that which they left behind. Two sons were born to them, Cain and Abel. Cain, the elder one, followed the example of his father and tilled the ground, and Abel tended the sheep. One day they brought offerings to God. Cain brought of the fruit of the ground, and Abel brought of the choice firstlings of his flock.

하나님은 아벨의 예물은 기쁘게 받으셨으나, 가인의 예물은 받지 않으셨다. 가인은 그 이유를 묻지도 않은 채, 즉각적으로 치밀어 오르는 분노에 온몸을 맡겼다. 하나님이 가인에게 말씀하셨다. "네가 옳은 행동을 했다면 그렇게 화낼 이유가 뭐가 있느냐? 네가 옳은 일을 하지 않으면, 죄가 네 문 앞에 도사리고 앉을 것이다. 죄를 이길 수 있는 자는 너 자신뿐이다."

가인은 아벨에게 이것을 얘기했다. 하지만 가인은 동생과 들판에 단둘이 있을 때를 틈타서, 아벨에게 달려들어 죽여 버렸다. 하나님이 이 잔혹한 행위를 보시고 가인에게 물으셨다. "네 동생은 어디 있느냐?" 하지만 가인은 무뚝뚝하게 대답했다. "모릅니다. 내가 동생을 지키는 사람입니까?" 가인은 자신이 저지른 행위를 하나님에게 숨길 수 있다고 믿었으나, 하나님이 말씀하셨다. "네 아우의 피가 지금 더럽혀진 땅에서 울부짖고 있다. 네가 밭을 갈아도 땅은 이제 너를 위해서는 어떠한 열매도 내지 않을 것이다. 또한 너는 땅에서 끊임없이 떠돌아다니는 방랑자가 될 것이다."

가인은 이러한 하나님의 말씀을 듣고는, 그 처벌이 자신이 감당하기엔 너무 무거우며, 하나님의 보호하심 없이 떠돌아다니다가 누군가를 만나게 되면, 자신이 아벨에게 한 것과 똑같은 행동을 그들이 자기에게 할 것이라고 말했다. 그러자 하나님은 가인에게 표를 주어 아무도 그를 죽이지 못하게 하셨다.

God turned favorably towards the offering of Abel, and turned away from the offering of Cain. Cain did not wait to ask for the reason, but at once allowed his anger to master him. And God said to him, "Why are you angry if you are doing right? Sin lies at your own door if you do wrong, but it is for you to master it."

And Cain told this to Abel; yet when they were alone in the field, he rose up and slew Abel. When God saw this wild deed, He asked Cain, "Where is your brother?" but Cain replied sullenly, "I don't know; am I my brother's keeper?" He believed he could hide his deed from God, but God replied, "The blood of you brother is crying from the earth which now has been defiled. When you work the ground, it will no longer yield its crops for you. You will be a restless wanderer on the earth."

When Cain heard these words of God, he said the punishment was greater than he could bear, and that when wandering about without God's protection, should he meet anyone, they might do to him that which he had done to his brother Abel. Then God placed a mark upon him which would save him from being slain.

이렇게 처음에 난 두 아들은 아담과 이브의 마음을 슬픔과 비통으로 가득 채웠다.

가인은 아주 멀리 떨어진 땅에서 유랑을 하다가, 마침내 그곳에서 충분한 휴식을 취하고 그의 마을을 건설하여 정착하도록 허락되었다. 이것이 바로 인간이 만든 첫 번째 마을이었다. 가인은 처음 세대들이 죽은 이후에도, 7대에 이르기까지 후손들을 보았다. 그들 가운데는 세 아들을 둔 라멕이라는 사람이 있었다. 라멕의 첫 아들인 야발은 처음으로 소와 양 떼를 기르는 사람들을 가르쳤고 천막에서 거주했으며, 둘째 아들인 유발은 수금, 오르간과 파이프의 연주를 창안했으며, 셋째인 두발가인은 처음으로 놋쇠와 철로 무기와 도구를 만들었다.

130년이 지난 후에, 하나님은 아담과 이브를 불쌍히 여겨 그들에게 아들을 하나 더 주셨는데, 셋이라 이름을 지은 이 아들은 아담과 이브의 형상을 매우 닮았다. 셋은 자녀를 많이 낳았는데 이 자손들이 번성하여 헤아릴 수 없을 정도로 수가 많아졌으며, 아담은 모든 인류의 조상이 되었다. 자손들 중에 일부는 가인을 따랐고, 나머지는 주의 이름으로 가르치는 셋의 교훈을 따랐다. 하나님의 뜻을 따르며 동행하는 사람으로 에녹이라는 자가 있었다. 그러나 에녹이 선보이는 모범에도 불구하고, 사람들은 하나님의 법을 어겼고, 마음대로 행동했으며, 하나님이 보는 앞에서까지 악을 자행했으며, 온 세상이 악으로 치달았다. 토지도 제대로 돌보지 않아, 땅에서는 열매가 열리지 않았다.

Thus the first two children filled the hearts of Adam and Eve with sorrow and grief.

And Cain wandered far away into a distant land, where he was allowed at last sufficient rest to build himself a town and to dwell therein. This was the very first town which was ever made. And Cain had children and grandchildren up to seven generations, after which they ceased to exist. Among them was Lamech, who had three sons: one, Jabel, was the first to teach those who tended the cattle and flocks, to dwell in tents; another, Jubal, invented the play upon harp, organ and pipe; and a third, Tubal-Cain, was the first to forge weapons and tools out of brass and iron.

After a hundred and thirty years God took pity on Adam and Eve and gave them another son, called Seth, who was very much like them; and Adam became the father of all mankind, for Seth had many children, who multiplied and became exceedingly numerous. Some of them followed the ways of Cain, others followed the ways of Seth, who taught them to call upon the Name of the Lord. Such a man was Enoch, who walked with the Lord; yet in spite of Enoch's example, men broke God's laws, and people went their own way and did evil in the sight of the Lord, and the whole world became wicked. The land was not properly tended, and the earth did not yield its fruit.

인간의 사악함과 그들이 계속 악한 행위만 생각하는 모습에 하나님의 마음은 큰 슬픔으로 가득 찼다. 그럼에도 하나님은 여전히 인간들을 불쌍히 여기시고, 그들이 뉘우치고 자신들의 삶을 고쳐나갈 수 있도록 120년이라는 기간을 주셨다. 하지만 인간들은 계속해서 더욱더 많은 폭력과 악을 행하였고, 이에 하나님은 타락해 버린 모든 창조물을 파괴해 버리기로 마음을 먹었다.

"너희는 마음 내키는 대로 따라가거나 너희 눈에 좋은 대로 따라가지 않게 될 것이다."
— 민수기 15:39

And when God saw the wickedness of men and that they were thinking only of evil deeds continually, He was grieved in His heart; and yet He took pity on them and granted them one hundred and twenty years that they might repent and mend their ways. But they went on increasing in violence and evil, and God then decided to destroy all the creatures which had corrupted their ways.

"You may not prostitute yourselves by going after the lusts of your own hearts and eyes." — Numbers 15:39

노아와 홍수

"하나님은 노아와 그와 함께 방주에 있는 모든 짐승과 생물을 기억하셨다." — 창세기 8:1

이토록 타락이 만연한 가운데서도 의롭고, 진지하며 하나님의 뜻대로 사는 사람이 있었다. 그의 이름은 노아였다. 노아는 하나님의 마음에 합당한 사람이었기에 구원 받을 유일한 사람으로 선택되었다. 하나님은 기존의 세상이 완전히 파괴된 후에 새로 시작될 세상을 다시 채울 모든 생물들을 노아와 함께 선발하셨다. 대홍수가 대지를 휩쓸고 지나가면, 어떤 생명체도 살아남지 못하고 모두 몰살될 것이었다.

그리하여 하나님은 노아에게 역청으로 안팎을 칠한 거대한 목재 방주를 짓도록 명령하셨다. 역청을 칠하라고 한 것은 방주가 물 위로 떠다닐 때 물이 안으로 새어 들어오지 않도록 하기 위해서였다.

방주는 여러 칸으로 나누어야 했다. 이것은 홍수가 멎을 때까지 그들이 생명을 유지할 수 있도록 양식으로 삼을 동물 한 쌍씩과 양식용이 아닌 동물들, 그리고 짐승과 새들을 함께 데리고 있기 위해서였다.

Noah and the Flood

"God remembered Noah and all the wild animals and the livestock that were with him in the ark." — Genesis 8:1

IN this time of general corruption there lived a man who was righteous and wholehearted and walked with God. His name was Noah. He found favor in the sight of God, and God singled him out to save him, and with him all the living creatures who were hereafter to fill again the world after it had been destroyed. For a great flood would sweep over the land, and nothing would escape, but every living thing would be blotted out.

And so God ordered Noah to make himself an Ark, a huge wooden ship, covered from without and from within with pitch, so that the water should not be able to enter into it when it should float upon the surface of the waters.

The Ark was to be divided into different compartments, for Noah was to take with him into it pairs of animals fit for food and animals not fit for food, and beasts and birds, in order to keep them alive until the flood had disappeared.

약속된 날이 되었을 때, 지하 깊은 곳의 샘물이 열려 물줄기가 땅 아래에서 솟구쳐 올라왔으며, 하늘의 창이 열려 비가 사십 일 동안 밤낮으로 끊임없이 쏟아져 내렸다. 홍수는 물줄기가 산의 꼭대기에 다다를 때까지 계속해서 불어났고, 비는 여전히 쏟아 붓듯이 내렸으며, 심지어 가장 높은 산의 정상조차 물살 아래로 잠길 때까지 물은 점점 더 높이 불어났다.

강한 바람이 불어오자 배가 이리저리 흔들려 노아와 배에 있던 모든 생명체들이 커다란 위험에 빠졌으나, 하나님은 그들을 저버리지 않으셨다. 하나님은 자신의 사랑으로 그들을 보호했다. 세상의 모든 생물들이 사라지자, 바람이 가라앉고 파도가 잠잠해졌으며, 배는 물 위에서 고요히 떠다녔다. 비가 멈추고, 물이 조금씩 빠지기 시작했으며, 산의 정상이 다시 모습을 드러내어 배는 이윽고 아라랏산 위에 정착했다.

하지만 이 홍수가 완전히 가라앉는 데는 몇 달이나 걸렸다. 노아는 방주에서 나가도 될 만큼 땅에서 물이 빠졌는지 알고 싶어서 견딜 수가 없었다. 그래서 그는 창을 열고 바깥소식을 알아오도록 까마귀 한 마리를 날려 보냈으나, 그 까마귀는 다시 돌아오지 않았다. 노아는 일주일을 기다린 후에 비둘기 한 마리를 내보냈다. 그러나 다시 돌아온 비둘기는 아무런 소식도 가져오지 않았다.

When the appointed time came, then the fountains of the deep opened and the waters rushed out from under the earth, and the windows of the heavens were opened, and the rain poured down incessantly for forty days and forty nights. The flood rose continually until it reached the highest tops of the mountains, and still the rain was pouring down, and the waters rose higher and higher until even the tops of the highest mountains disappeared under the waves.

A strong wind blew, and the ship was tossed to and fro, and Noah and all the inmates of the ship were in great danger, but God did not forsake them. He protected them with His Love; and when all living creatures had disappeared, the wind subsided and the waves grew calm, and the ship floated quietly on the surface of the waters. The rain stopped, and slowly the waters began to subside, and the peaks of the mountains again became visible, and the ship then rested on Mount Ararat.

It took, however, many months before this flood had really subsided, and Noah, impatient to know whether the land was already visible, so that he might leave the Ark, opened the window and sent out a raven to bring him the message, but the raven never returned. Noah waited a week for him, and then he sent out a dove. The dove returned without any message.

노아는 끈기 있게 다시 한 주를 기다리다가, 비둘기를 다시 날려 보냈다. 그런데 이번에는 비둘기가 주둥이에 올리브 나뭇잎을 하나 물고 돌아왔다. 이것은 물이 사라지고 있으며, 나무 꼭대기가 물 위로 보인다는 분명한 증거였다. 하지만 노아는 여전히 하나님의 명령을 기다렸다. 노아는 대대적인 파괴로부터 살아남기 위하여 하나님의 명령을 받고 방주에 들어간 만큼, 나가도 안전하다는 하나님의 명령을 받기 전까지는 떠나지 않을 작정이었다.

✳ ✳ ✳

Noah waited patiently for another week, and again he sent out the dove, but this time the dove came back with a leaf of an olive tree in her beak. This was a clear sign that the water was disappearing, and that the tree-tops were showing above it. Still Noah waited for the command of God. He would not leave the Ark into which he had gone by the command of God, so as to be saved from destruction, until ordered by Him, when he knew that it would be safe for him to leave it.

마침내 하나님의 명령이 떨어지자, 노아와 그의 아내, 그리고 세 명의 아들인 셈, 함, 야벳과 이들의 아내들, 모든 동물들과 짐승과 조류들, 즉 그와 함께한 살아있는 모든 생명들이 방주에서 나왔다. 그들은 방주에 들어갔을 때 남기고 갔던 곳과는 다른 새로운 세상을 만났다.

노아는 자신들이 구원을 받았다는 믿기 어려운 기적에 대해 제일 먼저 하나님께 감사 번제를 드렸다.

하나님은 그의 감사 제사를 받으시고, 이와 비슷한 홍수가 또 일어나서 인간과 인간이 이루어 놓은 성과를 다시 파괴해 버리지 않을까 하는 걱정을 하지 말라고 그를 위로했다. 하나님은 이와 같은 홍수를 다시는 세상에 불러일으키지 않을 것이라고 말씀하셨다. 자연의 질서를 가로막지 않을 것이고, 계절은 정상적인 순서로 진행될 것이며, 낮이 진 다음에 밤이 오고 더위와 추위가 번갈아 올 것이며, 씨를 뿌린 후에는 수확하게 될 것이며, 여름과 겨울을 비롯한 모든 계절이 항상 순서대로 돌아갈 것이라고 말씀하셨다. 또한 짙은 구름이 몰려와 위협적으로 하늘을 덮은 후에는, 하나님의 사랑이 이 땅에 미친다는 징표로 아름다운 무지개가 땅위에 걸쳐 나타날 것이라고 말씀하셨다.

At last a command came, and he and his wife and his three sons, Shem, Ham and Japheth, together with their wives, and all the animals and beasts and birds—all the living creatures that were with him—left the Ark together. They came into a new world, which was to be different from that which they had left behind when they had entered the Ark.

The first thing Noah did was to offer thanksgivings to God for the marvellous manner in which they all had been saved.

God accepted his thanks, and comforted him, lest he should be troubled by the thought that another flood would in a similar manner again destroy all the work of man, together with mankind; and God said to him that He would never again bring such a flood upon the world: that the order of Nature should not be interrupted, and that season should follow season in its regular course, day should follow night and heat alternate with cold; reaping should come after sowing, and summer and winter and all the seasons of the year should never cease to follow upon one another; and when thick clouds rolled up and covered the heavens threateningly, then a beautiful rainbow would appear spanning the earth as a sign that the love of God also spans the earth.

그러고 나서 하나님은 노아와 그의 아들들에게 축복을 내리며 말씀하셨다. “자녀를 많이 낳고 자손을 번성시켜서 온 땅에 가득하게 하거라.” 그리고 하나님은 아담에게 주었던 것처럼 그들에게 세상 만물을 다스릴 수 있는 권한을 주셨고, 채소를 비롯해서 살아 움직이는 모든 생명체를 음식으로 먹도록 허용하셨다. “그러나 고기를 생피가 들어 있는 그대로 먹어서는 안 된다.”라고 말씀하셨다. 그리고 하나님은 유혈과 살인을 저지르지 말라고 경고하셨다.

해가 지남에 따라 노아의 자손들의 수가 많이 늘어났다.

And the Lord blessed Noah and his sons, and said to them: “Be fruitful and multiply and replenish the earth.” And God gave them dominion over everything, as He had given Adam, and all moving things were given unto them for food, even as the green herb. “But you must not eat meat that has its lifeblood still in it.” And God warned them against bloodshed and murder.

Years passed, and the children of Noah grew very numerous.

그들에게는 아직도 홍수에 대한 기억이 매우 강하게 남아 있어서, 그들은 시날 평지의 한 계곡에 정착할 때까지 흩어지지 않고 함께 이동했다.

그러나 곧 그들은 교만에 빠져서 꼭대기가 하늘 끝까지 닿을 만큼 높은 탑을 쌓기 시작했다. 이것이 하나님을 노엽게 해서 하나님은 인간들이 더 이상 서로가 하는 말을 알아듣지 못하도록 다른 언어를 사용하도록 만드셨다. 그리하여 그들은 탑 쌓던 일을 그만두고 사방에 흩어졌다.

그리하여 그 탑을 바벨탑이라 부르게 되었다.

"악인은 패망할 것이나, 의로운 사람의 집은 든든할 것이다." — 잠언 12:7

The memory of the flood was still very strong among them, and they kept together and traveled until they settled in a valley, in the land of Shinar.

But soon, in their pride, they began to build a tower whose top should reach unto heaven. This displeased the Lord, and He caused them to speak in different languages, so that they could no longer understand one another. Then they left off building and were scattered over the earth.

And the tower was called the Tower of Babel.

"Wicked men are overthrown and are no more,
but the house of the righteous stands firm." — Proverbs 12:7

야곱과 천사의 사다리

"내가 너와 함께 하여 네가 어디를 가든지 너를 지킬 것이다."
— 창세기 28:15

이삭은 리브가와 결혼하여 두 아들, 야곱과 에서를 낳았다. 야곱은 조용하며 평화를 사랑하는 사람이었고, 에서는 거친 사냥꾼이었다. 리브가는 야곱을 사랑했고 이삭은 에서를 총애했다.

이삭은 나이가 많아 눈이 침침해져서 잘 보지 못했다. 어느 날 이삭은 에서에게 특별한 축복을 내리고 싶어서 자신이 먹을 사슴고기를 가져오라고 에서에게 말하였다.

그러나 에서가 사슴 사냥을 하러 나간 사이에, 야곱을 더 아꼈던 리브가는 새끼 염소 두 마리를 잡아서 사슴과 같은 맛이 나도록 요리했다. 그리고 새끼 염소의 가죽을 야곱의 손과 목에 감싸서 거칠고 털이 많은 에서처럼 보이도록 했다. 그러고 나서 그녀는 야곱에게 맛좋은 고기를 들려서 이삭에게 보냈다.

사슴 고기를 가지고 돌아온 에서는 그의 동생이 책략을 부려서 자신이 받아야 할 축복을 가로챘음을 발견하고, 동생에게 매우 화가 나서 그를 죽이기로 결심했다. 그러자 아버지의 축복을 얻은 야곱은 어머니의 충고대로 그녀의 오빠 라반의 집으로 안전을 찾아 달아났다.

Jacob and the Ladder of Angels

"I am with you and will watch over you wherever you go."
— Genesis 28:15

ISAAC married Rebekah and had two sons, Jacob and Esau. Jacob was a quiet, peace-loving man, and Esau a wild huntsman. Rebekah loved Jacob, and Isaac favored Esau.

When Isaac grew old his eyes became dim and he could not see. One day he asked Esau to bring him some venison to eat, for he wanted to give him a special blessing.

But while Esau had gone to hunt for deer, Rebekah, who loved Jacob, took two kids and cooked them in such a way that they should taste like venison, and she put the skin of the kids on Jacob's hands and neck, so that he should seem rough and hairy like Esau, and then she sent him with the savory meat to Isaac.

When Esau came in with his venison and found that his brother had, by deceit, gained the blessing which was meant for him, he was very angry with his brother, and determined to kill him. So by the advice of his mother, and with the blessing of his father, Jacob went away to seek safety with his mother's brother Laban.

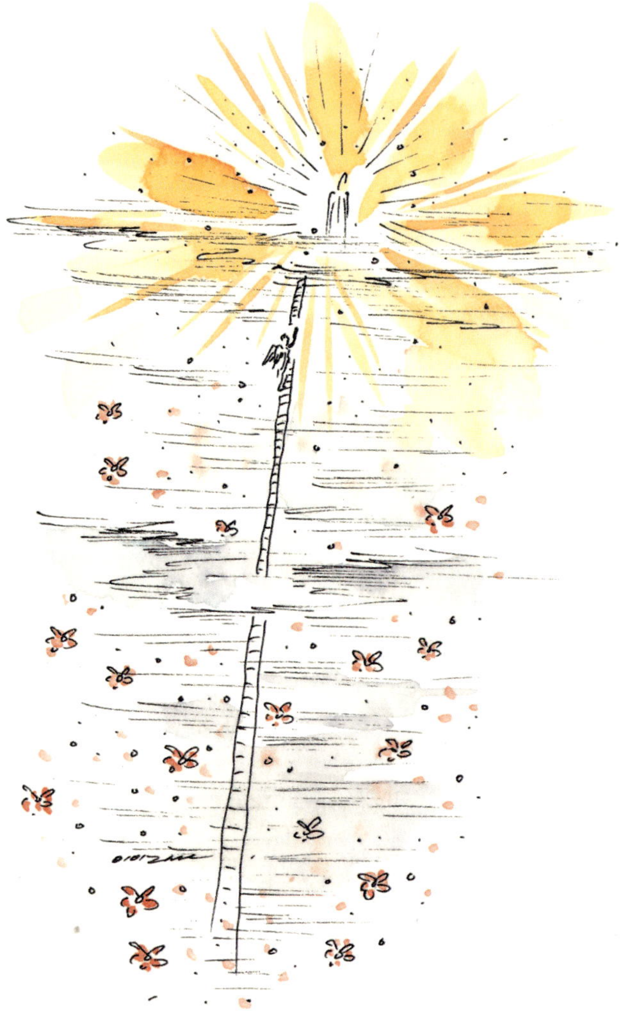

어머니의 경고를 들은 야곱은 몰래 떠나, 큰길을 피해서 옆길로만 여행을 했다. 그는 어느 날 태양이 질 무렵 인적이 드문 곳에 도착하여, 그곳에서 하룻밤을 머물렀다. 그는 자신이 혼자 있다고 굳게 믿은 채, 하나님이 그와 가까이 계신다는 것을 깨닫지 못했다. 그는 피곤하고 지쳐 돌 하나에 머리를 벤 채 누워 잠이 들었다. 그러자 곧 꿈에 아주 놀라운 광경이 나타났다. 꿈에서 보니 꼭대기가 하늘에 닿은 사다리 하나가 땅에 서 있었고, 하나님의 천사가 그 사다리를 오르락 내리락 하고 있었다. 그리고 하나님은 그 옆에 선 채, 그의 할아버지 아브라함에게 하셨던 약속과 축복을 반복하셨다.

* * *

Warned by his mother, Jacob left stealthily, avoided the high-road, and traveled by side routes, until one day when the sun was setting he found himself in a lonely place, where he tarried overnight. He did not know that, though he believed himself alone, God was near him. Tired and weary, he laid himself down to sleep, resting his head against a stone. Then as he dreamed he saw a wonderful sight. He saw a ladder standing upon the earth and the top reaching to heaven, and the angels of God going up and down the ladder, and God Himself stood by him and repeated the promise and the blessing which He had given to his grandfather Abraham,

아브라함의 자손들이 땅의 티끌처럼 무수히 번성해서 땅을 상속받을 것이며 그와 그의 자손을 통해서 세상의 모든 가족들이 다 축복을 받을 거라고 하셨던 약속이었다. 야곱은 아침에 잠에서 깨어 말했다. "하나님께서 분명히 여기에 계시는데도 내가 그것을 깨닫지 못하고 있었구나. 비록 황량하고 두려움으로 가득 찬 곳이라고 할지라도 이곳이 바로 하늘의 문이다." 야곱은 베개로 삼았던 돌을 기념비로 세우고 그 위에 기름을 부은 후에, 앞으로 하나님이 더욱 그를 보호하고 입을 것과 먹을 것을 주시면 자신이 가진 재물의 십 분의 일을 분명하게 따로 떼어 하나님께 바치겠다고 굳게 맹세했다. 그리고 그는 그곳의 이름을 '하나님의 집' 이라는 뜻으로 벧엘이라고 하였다.

하나님의 약속을 통해서 힘을 얻은 야곱은 여행을 계속 해서 하란에 도착했다. 그는 그곳에서 우물 주변에 몰려 있는 양 떼들과, 한가하게 이들을 지키고 있는 목자들을 발견했다. 야곱이 그들에게 어디에서 왔는지 묻자, 그들은 하란에서 왔다고 대답했다. 이에 야곱이 그들에게 왜 그곳에서 머무르고 있는지, 그리고 라반이라는 사람을 아는지 물었다. 그들은 더 많은 목자들이 와서 우물 입구에 있는 무거운 돌을 옮길 때까지 기다리는 중이라고 했다. 그리고 라반에 관해서는, 그의 딸 라헬이 양 떼를 몰고 오고 있는 중이라고 했다.

that his children should be as numerous as the dust of the earth and that they should inherit the land, and that through him and in his seed all the families of the earth should be blessed. When Jacob awoke in the morning, he said: "Surely God is also here, and I was not aware of it, and although it is a place desolate and full of awe, yet it is the gate of Heaven." He took the stone which had served him as a pillow, raised it up as a monument, and poured oil over it, and he vowed a vow that if God would further protect him and provide for him, then he would surely set aside a tenth part of what he possessed for the service of God. And he called that place Bethel, "The House of God."

Strengthened by God's promise, Jacob continued his journey until he came to Haran. There he found the flocks gathered round the well, and the shepherds standing by idly watching. Jacob asked them where they were from, and when he heard that they were from Haran, he asked them why they were tarrying there, and whether they knew Laban. They replied that they had to wait until a larger number of shepherds had come to roll away the heavy stone from the mouth of the well; and as for Laban, his daughter Rachel was coming with the flock.

야곱은 유순한 기질을 가지고 있었지만, 힘은 매우 강했다. 그래서 그는 혼자서 그 돌을 옮겨 놓고 나서, 사촌인 라헬을 만나러 갔다. 그는 자신이 누구인지 그녀에게 말하고, 그녀를 껴안고 입을 맞추고, 자신의 처지를 생각하며 비통하게 울었다. 라헬은 아버지에게 곧장 달려가서 야곱이 왔다고 알렸다. 라반은 즉시 야곱을 집으로 초대했으며, 야곱은 그곳에서 한 달 동안 지냈다.

떠날 날이 가까워지자, 그 동안에 야곱의 자질을 알아 본 라반은 보수를 주겠으니 계속 남아서 자신을 위해서 일해 달라고 했다. 야곱은 그러겠다고 하면서, 라반을 위해 일하는 대가로 보수는 필요 없으니 대신 라헬을 자신의 아내로 삼게 해달라고 요구했다. 라헬이 아름다웠기 때문에, 야곱은 이미 그녀와 사랑에 빠져 있었다. 야곱은 그녀를 위해서 7년동안 기꺼이 봉사하고자 마음먹었다. 라반이 이에 동의했다. 라헬을 너무나 사랑했던 야곱에게는 이 7년이 불과 며칠처럼 지나갔다.

그러나 라반은 야곱을 놓치고 싶지 않아서 야곱에게 속임수를 썼다. 라반에게는 두 딸이 있었는데, 큰 딸인 레아는 시력이 약했으며 라헬은 아름다웠다. 라반은 레아의 얼굴을 베일로 가리고 라헬과 결혼하는 것으로 믿게끔 해서 야곱과 결혼을 시켰다. 야곱이 자신이 속았다는 것을 알았을 때, 라반은 동생이 언니보다 먼저 결혼하는 것은 관습에 어긋난다는 핑계를 들어 변명하며, 야곱이 다시 7년 더 일해주면 라헬을 아내로 주겠다고 했다.

Jacob was very strong, in spite of his meek disposition, and he rolled the stone away alone, and then went to meet Rachel, his cousin. He told her who he was, and embraced and kissed her, and seeing the position in which he found himself he wept bitterly. Rachal ran and told her father that Jacob had come. Laban at once invited him to the house, where he stayed for a month.

At the end of that time, Laban, who had meanwhile recognized the qualities of Jacob, asked him to enter into his service, and promised him wages. Jacob agreed to serve Laban, but as return for his service he would have no wages, but would ask Laban to give him Rachel to wife, for Rachel was beautiful, and Jacob had fallen in love with her. He was willing to serve seven years for her. Laban agreed, and these seven years passed in Jacob's eye as a few days through the great love he had for her.

But Laban did not wish to lose the services of Jacob, and he tricked him. He had two daughters, one Leah, the "tender-eyed," and Rachel, the "beautiful." He covered Leah's face with a veil and married her to Jacob, causing Jacob to believe that he was marrying Rachel. When Jacob found that he had been deceived, Laban pleaded as an excuse that it was not customary to marry the younger daughter before the elder, and if Jacob would again serve for another seven years, he could have Rachel as his wife.

야곱은 기꺼이 승낙했고, 그후 곧 라헬과 결혼한 후에 그녀를 위해 다시 7년 동안 라반 밑에서 일을 했다. 그리고 야곱에게 자녀들이 태어났다. 14년이 다 지나갈 무렵이 되자, 자신의 집을 너무 갖고 싶었던 야곱은 앞으로도 양 떼를 돌보는 일을 계속 맡기려면 보수를 지급해달라고 라반에게 요구했다. 야곱이 처음 왔을 때, 라반은 꽤 가난했었으며, 단지 양과 소 몇 마리만이 재산의 전부였다. 그러나 야곱이 열심히 가축들을 보살핀 결과 라반은 큰 은총을 입어서 부자가 되었다.

* * *

Jacob willingly consented, and he married Rachel soon afterwards and then served Laban for her for seven years. And children were born to Jacob. When the fourteen years came to an end, Jacob asked Laban to fix his wages if he wished him to tend his flocks any longer, for Jacob was anxious to provide for his own house. When Jacob had first come, Laban had been comparatively poor and had only a few flocks and herds; but the zeal and care of Jacob had brought blessings to him, and he became very rich.

하나님이 야곱을 위해서 자기에게 축복을 내렸다는 걸 알고 있었던 라반은 그를 떠나보내고 싶지 않았다. 그래서 그는 마음속으로 야곱을 속이기로 작정했다. 야곱은 라반의 성격을 이미 잘 알고 있던 터라, 그가 번복할 수 없는 협정을 내걸려고 했다. 따라서 야곱은 양 떼와 소 떼들을 분배해서, 몸에 작은 반점과 얼룩을 가지고 태어난 양과 염소를 자신의 삯으로 달라고 요구했다. 그 외의 나머지는 모두 라반에게 남겨주기로 했다.

야곱은 6년 내에 양 떼와 소 떼, 낙타와 나귀, 남녀 하인들을 사들일 수 있을 만큼 많은 돈을 벌었다. 이는 라반의 아들들의 질투를 불러일으켰으며, 이들은 결국 라반과 야곱의 사이를 더더욱 멀어지게 하는 데 성공했다. 그들은 야곱이 라반의 신임을 이용해서 재산을 부당하게 착복했다고 넌지시 거짓을 일러바쳤다. 야곱은 라반의 태도가 변한 것을 깨닫고는, 자신이 그토록 열심히 일해서 얻어낸 모든 것을 라반에게 빼앗길지도 모른다는 두려움에 사로잡혔다. 그가 갈피를 못 잡고 고민하던 중에 하나님의 목소리가 들려왔다. 하나님은 그에게 가나안에 있는 아버지의 집으로 돌아가라고 말씀하시고는, 그와 항상 함께 하면서 그를 보호하겠다고 약속하셨다.

He knew that God had blessed him for Jacob's sake, and was therefore unwilling to let him go. But in his mind he determined to cheat him. Jacob, who knew Laban's character, tried to make such an arrangement that Laban could not alter it. He asked therefore that the flocks and herds be divided, and that his wages should consist only of such sheep and goats which would be born with specks and spots upon them; all the others should remain for Laban.

Within six years he had earned so much that he was able to buy himself other flocks of sheep, herds of cattle, camels and donkeys, manservants and maidservants. This excited the envy of Laban's sons, who succeeded in estranging Laban from Jacob still more. They insinuated that Jacob had taken advantage of Laban's confidence, and had wrongly appropriated their father's riches. Jacob saw the changed demeanor of Laban, and he feared that Laban might rob him of everything for which he had worked so hard. He did not know what to do, when the Voice of God came to him telling him to return to his father's house in the land of Canaan, and promising to be with him and protect him.

하나님의 약속으로 용기를 얻은 야곱은 그의 가족과 함께 모든 재산을 가지고 가나안으로 돌아갔다. 가는 길에 형 에서가 그를 만나려고 나타났다. 에서는 야곱의 목을 껴안고 입맞춤을 했다. 그들은 이렇게 우애롭게 만났으며, 야곱은 에서에게 값진 선물을 준 후에 평화롭게 가던 길을 갔다. 이렇게 여행을 한 후에, 그는 아버지가 사는 헤브론에 도착했다.

"여호와를 신뢰하는 것이 사람을 의지하는 것보다 낫다." — 시편 118:8

Thus encouraged by the promise of God, Jacob took his family and property and returned to Canaan. There his brother Esau came out to meet him. And Esau fell on Jacob's neck and kissed him. And so they met in friendship, and Jacob gave Esau rich presents, and went peacefully on his way. And thus traveling, he came to Hebron, where his father dwelt.

"It is better to take refuge in the Lord than to trust in man."
— Psalm 118:8

요셉과 그의 꿈

"하나님이 그와 함께 하셨다." — 창세기 39:3

야곱에게는 아들 열두 명과 딸 하나가 있었다. 그가 그토록 사랑했던 라헬이 낳은 자식은 이 열세 명의 자녀들 중에서 오직 둘 뿐이었다. 한 명은 요셉으로 라반의 집에서 태어났으며, 다른 하나인 베냐민은 가나안에서 태어났다. 라헬은 베냐민을 낳다가 죽어서, 헤브론에 가는 길에 있는 베들레헴에 묻혔다.

요셉은 야곱이 14년 동안이나 일을 해서 얻은 아내 라헬이 낳은 첫째 아들이었기 때문에, 그는 요셉을 아주 많이 사랑했다. 야곱은 그에게 좋은 옷을 입히고, 족장의 옷과 같은 여러 빛깔의 화려한 겉옷을 주었으며, 집안에서는 항상 곁에 두었다. 야곱이 보여준 그의 두드러진 편애는 요셉의 형제들, 특히 레아가 낳은 아들들의 질투심을 유발시켰다. 그들은 양 떼를 치러 나갈 때면 항상 요셉을 따돌렸기 때문에, 요셉은 열일곱 살 때에도 야곱의 시녀들이 낳은 아들들과 남겨졌다. 그는 형제들이 자신을 싫어한다는 사실을 아버지에게 말했다. 그래서 형제들은 그런 이유때문에 요셉을 미워했다.

Joseph and His Dreams

"The Lord was with him." — Genesis 39:3

JACOB had twelve sons and one daughter. Of these thirteen children, only two were born of his beloved wife Rachel. One, Joseph, was born in the house of Laban, and in Canaan another, whose name was Benjamin. Rachel died when she gave birth to Benjamin, and was buried in Bethlehem on the road to Hebron.

Now, Joseph was the beloved son of his father, being the first-born of his wife Rachel, for whom he had served fourteen years. And Jacob dressed him in fine clothes, and gave him a multicolored coat like that of a chieftain, and kept him always near him in the house. This marked preference which his father showed caused the envy of his brothers, especially the sons of Leah. They shunned his company when they went out to tend their flocks, and he remained as a lad of seventeen years only with the sons of the handmaids of Jacob. He told his father of the unkind behavior of the other brothers, and they hated him for it.

야곱의 아들들은, 아버지가 장자권을 레아가 나은 큰 아들 대신에 라헬의 큰 아들인 요셉에게 줄까 봐 걱정했다. 항상 꿈꾸는 사람이었던 요셉은 또한 본의 아니게 형제들의 의심과 시기를 가중시켰다. 어느 날 밤에 요셉이 꿈을 꾸었는데, 꿈에서 형제들과 함께 들판에서 곡식을 베어 다발로 묶고 있는데 그가 묶은 다발이 똑바로 서고 형제들이 묶은 다발이 모두 자신의 다발 앞에서 고개를 숙이는 것이었다.

* * *

They feared that Jacob might give the right of first-born to Joseph, the elder son of Rachel, in preference to the first-born of Leah. Joseph, who was a dreamer of dreams, also involuntarily encouraged their suspicions and increased their envy. One night he saw in his dream that they were all cutting the corn in the field together and binding it in sheaves, when lo! his sheaf stood upright, and the sheaves of his brothers were bowing down before his sheaf.

그가 자신이 꾼 꿈을 형제들에게 말하자, 그들이 대답했다. "그 꿈의 의미가 앞으로 네가 우리를 지배한다는 의미라도 되냐?" 그러고 나서 그는 다시 태양과 달, 그리고 11개의 별이 자신에게 경의를 표하는 꿈을 꾸었는데, 심지어 아버지마저 이 꿈 이야기를 듣고는 그를 꾸짖으며 말했다. "그렇다면 네 아버지, 어머니, 형제들이 모두 네 앞에 엎드려 절을 한다는 말이냐?" 그의 아버지는 이 사건을 마음에 두었으며, 그의 형들은 이 일로 인해 더욱더 그를 싫어하게 됐다.

어느 날 요셉의 형들은 양 떼들과 함께 3일이나 걸리는 먼 곳으로 떠났다. 걱정이 된 야곱은 아들들의 소재를 알아보기 위해 요셉을 보냈다. 그는 옛날에 목초지로 쓰던 곳으로 가보았으나 형제들이 이미 떠난 뒤였다. 요셉이 길에서 만난 한 남자에게 형제들을 보았냐고 묻자, 그는 그들이 '두 개의 우물'이라 불리는 더 먼 곳으로 이미 출발했다고 대답했다. 요셉은 그가 가리키는 방향으로 갔다.

그의 형제들은 멀리서 걸어오는 그를 발견하고는, 서로에게 말했다. "저기 봐, 꿈꾸는 자가 오고 있어. 저 애를 죽이고, 꿈이 과연 어떻게 나타나는지 한번 보자." 그러나 레아의 장자이며 형제들 중에 가장 나이가 많은 르우벤은 동생을 살해하지 못하게 했으며, 두 우물 중의 하나에 그를 밀어 넣으라고 지시했다. 그 우물에는 물이 없었다.

He told this dream to the brothers, and they replied, "Does this mean that you are going to rule over us?" Then again, he dreamed that the sun and the moon and eleven stars were paying homage to him, and even his father rebuked him when he heard this dream, for he said, "And are your father and your mother and your brothers coming to bow down before you?" Still, his father remembered this incident, but his brothers hated him the more for it.

One day his elder brothers had gone far away with their flocks, a distance of three days' journey. Jacob became anxious and sent Joseph to inquire of their whereabouts. He went to the old pasture-place, but they had gone; and Joseph met a man on the road, and asked him whether he had seen the brothers, and he replied that they had gone to a place farther on, called the "Two Wells." Joseph went in the direction he indicated.

His brothers espied him from afar, and they said to one another, "Behold, my lord the Dreamer is coming. Let us kill him, and we will see what will come of his dreams." But Reuben, the first-born of Leah and the eldest among them, would not allow them to murder their brother, and he asked them to fling him into one of the two wells, which, happened to be dry.

그는 나중에 남몰래 동생을 우물에서 끄집어 내어 아버지께로 되돌려 보내려고 생각했던 것이다. 이윽고 요셉이 가까이 다가오자, 형제들은 그의 멋진 코트를 벗기고 그를 우물 속으로 던져 버렸다. 그러고 나서 그들은 앉아서 음식을 먹었다.

그때 갑자기 이스마엘족의 대상들과 미디안족 무역상들이 이집트(애굽)로 옮길 갖가지 향신료를 가득 실은 낙타들과 함께 길을 따라 내려오는 것이 보였다. 형제들이 결국에는 요셉을 죽이게 될까 봐서 두려웠던 유다는, 요셉을 무역상들에게 노예로 팔자고 제안했다. 형제들은 그의 의견에 동의했다. 요셉은 우물 밖으로 끌려 나와서 이 무역상들에게 팔렸고, 이들은 그를 이집트로 데리고 갔다.

✳ ✳ ✳

He hoped afterwards secretly to remove him from it and to bring him back to his father. So when Joseph came near, they stripped him of his beautiful coat and cast him into the well, and then sat down to their meal.

At that time they suddenly saw a caravan of Ishmaelite and Midianite traders coming along, their camels laden with all kinds of spices which they were carrying to Egypt. Then Judah, who feared that they might after all kill Joseph, induced them to sell their brother as a slave to these traders. They agreed: Joseph was dragged out of the well and sold to the men, who carried him to Egypt.

상인들은 이집트의 왕인 바로의 호위대장 보디발에게 요셉을 노예로 팔았다. 이집트의 왕들은 보통 바로(파라오)라고 불렸다.

이스마엘 사람들이 요셉과 함께 떠난 후에, 형제들은 아버지가 요셉이 돌아오기를 기다리고 있음을 깨닫고, 염소 한 마리를 죽여서 그 피에 요셉에게서 벗겨낸 옷을 담근 후에 아버지에게 보내 요셉의 옷이 맞는지 확인하도록 했다. 야곱은 단번에 그 옷이 요셉의 것이라는 것을 알아보고 큰 소리로 외쳤다. "요셉이 갈가리 찢겨 죽었구나. 들짐승이 내 아들을 죽인 거야." 야곱은 깊은 슬픔에 빠져 아들의 죽음을 애통해 했으며, 그 누구의 위로도 받지 않으려 했다. 그는 슬픔과 비통 속에서 나날을 보냈다.

요셉은 살결이 희고 잘생긴 청년이었으며, 늘 하나님이 함께 하셨다. 그는 무슨 일을 하든지 좋은 성과를 거뒀다. 그는 주인의 총애를 받았으며, 매우 충직하게 주인을 섬겼기 때문에 주인은 자신이 가진 모든 재산의 관리를 요셉에게 위임하고, 자신이 먹는 음식 이외에는 전혀 관여하지 않았다. 이집트인들의 부도덕한 생활방식 속에서 자란 보디발의 아내는 요셉에게 유혹의 눈길을 보내면서, 중대한 죄악을 저지르도록 그를 유혹했지만 헛된 노력이었다. 그는 주인에게 의리를 지켰으며, 하나님이 죄를 싫어하신다는 것을 알고 있었다.

There they sold him as a slave to Potiphar, the General of the Bodyguard of Pharaoh, the King of Egypt. Pharaoh was the name of the Egyptian Kings.

When the Ishmaelites had departed with Joseph, the brothers remembered that their father was waiting for the return of the lad, so they slaughtered a kid, soaked the robe of which they had stripped Joseph in the blood, and sent it to the father, asking whether he could recognized in it Joseph's coat. He at once saw that it was Joseph's coat, and exclaimed, "Joseph has been torn to pieces! a wild beast has killed him." And he mourned over the loss of his son, and would accept no comfort from anyone. He spent his days in grief and mourning.

Joseph was a fair and comely lad, and God was with him. Whatever he did prospered. He found favor in the eyes of his master, and he served him so faithfully that his master placed everything he possessed in his hands, and never inquired after anything except for the food which he ate. The wife of Potiphar, brought up in the evil ways of the Egyptians, cast her eyes upon Joseph, and tried in vain to entice him to commit a grave sin. But he was loyal to his master, and he knew that sin was displeasing to God.

요셉이 유혹에 전혀 흔들리지 않자, 몹시 화가 난 그녀는 요셉이 자신을 유혹했다면서 아무 죄도 없는 그를 모함했다. 주인은 자신이 신임했던 하인에게 치욕적으로 배신당했다고 여기고, 왕의 죄수를 가두는 지하 감옥에 요셉을 처넣었다. 그러나 심지어 감옥에서도 하나님은 요셉과 함께 하셨으므로, 감옥소장이 그를 마음에 들어해서 그에게 죄수를 감독하는 일을 맡겼다.

어느 날 바로의 술을 관리하는 관원장과 빵 굽는 관원장이 이집트 왕에게 죄를 범했다는 혐의를 받고 요셉이 있는 감옥으로 보내졌다. 그들이 지하 감옥에 들어온 지 얼마 후에, 요셉은 그들이 매우 슬퍼하며 괴로워하는 것을 발견했다. 요셉이 그 이유를 묻자 그들이 이렇게 대답했다. "우리가 어젯밤에 꿈을 꾸었는데, 둘이 같은 꿈인 것 같은데, 각각 신분이나 직업에 따라서 상황이 달랐네. 하지만 그 꿈에 대해서 우리에게 설명해 주거나 의미를 말할 수 있는 사람이 아무도 없다네." 그러자 요셉이 대답했다. "하나님만이 진정한 의미를 해석해 줄 수 있지만, 일단 한번 저에게 이야기해 보십시오."

그래서 왕의 술 관리를 맡았던 자가 먼저 꿈 이야기를 했다. 그는 꿈에서 한 포도나무에 세 개의 가지가 뻗어있고, 그 가지에서 포도송이가 서서히 자라 익어가는 것을 보았다.

He steadfastly refused to listen to her, whereupon in her rage she accused the innocent Joseph of having committed the very sin which he had refused to commit. His master thought that his confidence had been shamefully betrayed, and cast Joseph into a dungeon, a place where the officers of state were kept as prisoners. But even there God was with Joseph, and he found favor with the governor of the prison, who made him the overseer of all the prisoners.

One day the chief butler and the chief baker of Pharaoh were accused of an offense against the king, and they were sent to the prison where Joseph was. Entering their dungeon some time afterwards, Joseph found them looking very sad and distressed. He asked them for a reason, and they told him: "We both dreamed last night that which seems to be one dream, but in two appearances, each one according to his station and occupation, but there is none who can explain it to us and tell us its meaning." And Joseph replied, "God alone can give us the true interpretation, but let me hear it."

So the chief butler said that he had seen in his dream a vine growing, out of which three branches spread, and there slowly the clusters of grapes grew and ripened.

그는 포도 몇 송이를 따서 포도주 잔에 과즙을 짠 후 바로왕이 마시도록 바쳤다. 그러자 요셉은 그 꿈이 그가 3일 안에 옛 자리로 복직되어서 다시 왕의 술을 관리하는 관원장이 됨을 뜻한다고 말했다. 그리고 요셉은 그가 복직이 되면, 배반을 당해서 다른 나라에서 끌려와 아무 죄 없이 감옥에 갇혀 있는 한 청년을 기억해 달라고 부탁했다.

* * *

He took some of these, crushed them into the wine cup, and handed it to Pharaoh to drink. And Joseph told him that this signified that within three days he would be restored to his former position to be the chief butler to Pharaoh. And he told him that when once restored to his former position to remember the lad who had been treacherously stolen away from a foreign country, and, though innocent, cast into prison.

빵을 굽던 자는 요셉이 술을 관리하던 자의 꿈을 좋게 해몽하는 것을 듣고, 요셉에게 말했다. "나도 비슷한 꿈을 꾸었네. 내가 세 개의 바구니를 머리에 이고 가는데, 제일 위에 있는 바구니에 제일 좋은 케이크가 있었네. 그런데 하늘에서 새가 날아와서 그걸 쪼아먹는 게 아니겠나." 요셉이 말했다. "그 꿈도 비슷하군요. 3일 안에 당신의 운명이 결정 날 것입니다. 왕이 당신에게 교수형을 내리고 하늘의 새들이 당신의 살을 쪼아 먹을 것입니다."

요셉이 꿈을 해석한 것이 모두 현실로 나타났다. 3일 내에 술을 관리하던 자는 무죄이고, 빵을 굽던 자는 유죄라는 사실이 드러나 3일째가 되는 바로의 생일날에 술을 관리하던 관원장은 이전의 지위로 복직되었다. 하지만 그는 일단 자유의 몸이 되어 행복해지자, 요셉과 지하 감옥에 대해서 잊어버리고 말았다.

2년 후에 바로가 꿈을 꾸었는데, 꿈에서 그는 어느 강가에 서 있었다. 그리고 그곳에서 살이 통통하게 오른 일곱 마리의 암소가 풀밭으로 나와서 풀을 뜯고 있었다. 그 뒤를 따라서 척 보기에도 몹시 흉하고 말라빠진 암소 일곱 마리가 왔다. 그가 바라보고 있는 사이에 마른 암소들이 살찐 암소들을 모두 잡아 먹어버렸다. 그러나 마른 소들의 처참하고 비참한 모습은 그대로여서, 그는 살찐 암소들이 어디로 사라졌는지 알 수가 없었다. 그리고서 그는 잠에서 깨어났다. 그러다 다시 잠이 든 바로는 또 다른 꿈을 꾸었다. 이번에는 줄기 하나에서 풍성하고 알찬 이삭 일곱 알이 나오는 것을 보았다.

When the chief baker heard the favorable interpretation of the butler's dream, he said to Joseph: "I have dreamed a similar dream. I carried on my head three baskets, and in the uppermost were some of the best cakes, and the birds of heaven were picking them." And Joseph said: "The dream is similar; in three days your fate will be decided, but Pharaoh will hang you on the gallows, and the birds of heaven will pick your flesh."

And as Joseph had interpreted the dreams, so they came to pass. Within the next three days the innocence of the butler and the guilt of the baker were discovered, and, it being the birthday of Pharaoh, the butler was restored to his former position. Once free and happy, however, the butler forgot Joseph and the dungeon.

Two years passed, and Pharaoh dreamed a dream. He dreamed that he was standing by the banks of a river, and there came out seven fat and well-covered cows, which were browsing on the rushes. After them came another seven cows poor to look upon and lean of flesh. And while he was watching, the lean cows ate up the fat ones, and he could not see where they had gone, for the lean cows remained as miserable and wretched as before. He woke up. He fell asleep and dreamed again, and he saw seven ears of corn spring from one stalk, each full and good.

그리고는 한 줄기에서 동풍에 여기저기 흔들리고 바짝 마른 이삭들이 일곱 개 나오더니, 무성하고 알찬 이삭들을 삼켜 버렸다. 그가 잠에서 깨어보니 꿈이었다. 하지만 꿈에서 본 장면에 마음이 너무 혼란스러웠던 바로는 아침이 되자, 꿈을 해몽해 줄 현자들을 불러오게 했다. 하지만 아무도 그 뜻을 몰랐다.

바로의 술 관리를 맡은 사람이 앞으로 나서며 말했다. "제가 바로 왕을 거역해서 감옥에 갇혔을 때가 생각납니다. 그곳에 외국에서 온 청년이 우리와 함께 있었습니다. 어느 날 제가 꿈을 꿨는데 그 청년이 저와 함께 갇혀 있던 빵을 굽던 사람과 저의 꿈을 해몽해 주었습니다. 그러자 모든 것이 그가 말한 대로 실현되었습니다. 어쩌면 그 사람이 왕의 꿈도 해석할 수 있을 겁니다."

바로는 이 말을 듣고 즉시 요셉을 데리고 오게 했다. 신하들은 요셉을 감옥에서 빼내어, 수염을 깎이고, 옷을 갈아입힌 후에 왕에게 데리고 갔다. 바로가 말했다. "네가 꿈을 능히 해몽할 줄 안다는 것을 들어서 알고 있다." 요셉은 겸손하게 답했다. "꿈을 해석할 수 있는 분은 오직 하나님뿐이십니다." 그러자 바로는 자신이 꿈에서 본 것을 요셉에게 이야기했다. 요셉은 말했다. "이 꿈은 모두 한 가지 뜻을 가지고 있으며, 앞으로 일어날 일을 알리기 위해서 하나님께서 왕에게 보내신 것입니다.

And another seven ears of corn sprang up on one stalk withered and blasted by the east wind. And they destroyed the seven good and full ears. And he awoke and it was a dream. But he was greatly distressed by the visions, and in the morning he sent for his wise men to explain to him the meaning. But they could not.

Then the chief butler stepped forward and said: "I remember the time when I offended against Pharaoh and I was put into prison. And there was with us a lad from a foreign country. There I dreamed a dream, and he explained it to me, as well as to the chief baker who was with me. And as he explained it to us, so it came to pass. Perhaps he may now also be able to explain the dream of Pharaoh."

When Pharaoh heard of it he at once sent for Joseph. They took him from the prison, shaved him, clothed him, and brought him before the king, who said to him: "I understand that you know how to interpret dreams." But Joseph modestly replied: "It is only through God that dreams can be interpreted." Then Pharaoh told him what he had seen in his dream, and Joseph said: "This dream is a singular one, but it has been sent by God to tell Pharaoh what is going to happen.

무성하고 알진 이삭들과 일곱 마리의 살찐 소들은 7년 동안 지속될 풍년을 상징합니다. 이후 7년 동안의 풍년을 완전히 잊게 만들 만큼 극심한 기근과 식량 부족이 7년 동안 일어날 것입니다. 깡 마른 소들이 살찐 소들을 삼키고, 완전히 시든 이삭들이 풍성한 이삭들을 파괴해 버렸듯이, 흉년은 풍년을 완전히 삼켜 버릴 것입니다. 꿈을 반복해서 꾼 것은 하나님이 이 일이 확실히 일어날 거라는 것을 강조하시기 위한 것입니다." 바로와 관료들은 요셉의 답변에 매우 만족했다. 그리고 요셉은 재난을 대비하는 방법도 바로에게 계속 충언했다.

* * *

The seven fat cows as well as the good and full ears of corn signify seven years of plenty. These will be followed by seven years of famine and starvation, in which the seven years of plenty will be entirely forgotten. They will swallow them up as the lean cows swallowed up the fat cows and as the blighted ears destroyed the full ones. For the repetition of the dream means that God is sure to effect it." Pharaoh and his Ministers were greatly pleased with the reply. And Joseph then went on to advise Pharaoh how to prepare to meet the calamity.

요셉은 바로에게 의지가 곧고 현명한 사람을 임명해서 7년 동안 이어지는 풍년 동안에 잉여 곡물을 가능한 한 많이 모아서 이후 이어질 7년의 흉년 동안 사용할 수 있도록 마을과 각 도시의 요새에 저장하게 하라고 조언했다. 그러자 바로가 말했다. “단연코 네가 세상에서 가장 현명하고 사려가 깊은 사람이구나. 이는 하나님의 영이 너와 함께 하기 때문이다.” 바로는 그를 이집트를 다스리는 총리로 임명했으며, 이 직위는 바로의 한 단계 아래인 중요한 자리였다. 요셉의 지시와 관리 없이는 어떤 정책도 실행될 수 없었다. 바로는 자신의 손에서 반지를 빼서 요셉에게 끼워 주었으며, 금사슬이 목 주변에 달린 굉장히 좋은 관복을 입히고, 그를 이집트에서 가장 유력한 통치자라고 백성들에게 공개적으로 알렸다.

요셉은 고위 제사장 중의 한 사람의 딸인 아스낫과 결혼해서 므낫세와 에브라임이라는 두 명의 아들을 낳았다. 요셉은 이집트 전역을 둘러본 후, 땅을 몇 개의 구역으로 나누고, 각 지방별로 곡물 창고를 설립해서 7년 동안의 풍작에서 나온 잉여 농산물을 비축해 놓았다. 흉년이 가까워지고 있었다. 요셉이 대단히 많은 양의 곡식을 비축해 놓았기 때문에 이집트 백성뿐만 아니라 곡식을 사러 이웃 국가에서 건너온 사람들에게까지 식량을 공급할 수 있었다.

야곱과 그의 가족이 머무는 가나안에서도 곡식 경작이 모두 실패해서 기근이 찾아왔다. 단지 몇몇 나무에서 열매가 조금 나고 그

He told him to appoint a firm and wise man who would gather up as much corn as could be spared during the seven years of plenty, and store it away in the towns and fortresses for the years of famine. And Pharaoh said: "Surely there is no man more wise and understanding than you are, for in you also is the spirit of God." And he appointed him to be the master over Egypt only one degree below the throne. Nothing should be done without Joseph's direction and administration. He took the ring from his hand and put it upon Joseph's, dressed him in magnificent robes with a golden chain round his neck, and had him publicly acclaimed as the effective ruler of Egypt.

Joseph married Asenath, the daughter of one of the high officials, from whom he had two sons, Manasseh and Ephraim. Joseph surveyed the land of Egypt, and divided it up into several sections, and established granaries in every province, wherein he gathered the surplus crops of the seven years of plenty. The years of famine now drew near. Joseph had gathered up so much that he was able to provide not only for the people of Egypt, but also for those who came from the neighboring countries to buy corn.

There was famine also in Canaan, where Jacob and his family dwelt, for the crops of the earth had failed. Only the trees yielded some fruit, and a little of the balm was still

열매에서 작은 양의 향유가 나오긴 했지만, 이 정도의 열매로는 부족하기 짝이 없었기 때문에 백성들은 굶주림으로 대단히 큰 고통을 겪고 있었다. 야곱은 이집트에 곡식이 남아 있다는 소식을 듣고, 아들 열 명을 보내서 가족들이 먹을 곡식을 사오도록 했다. 하지만 베냐민은 보내지 않고 집에 남겨 두었다. 그가 말하길 "길을 가는 도중에 그 아이에게 무슨 안 좋은 일이 일어날지 모르지 않느냐!"라는 것이 그 이유였다. 요셉이 사라진 지금, 그토록 사랑했던 라헬이 낳은 아들 가운데 유일하게 살아남은 베냐민마저 잃을까 봐 걱정이 되었던 것이다.

그래서 야곱의 아들들은 이집트로 떠났다. 요셉이 직접 곡식의 분배를 지시했고 그의 허락 없이는 어떤 일도 집행될 수 없었기 때문에, 형제들은 요셉을 알현하게 됐다. 형제들은 요셉 앞에서 엎드려 인사를 했다. 그들을 본 요셉은 그들이 자신의 형들이라는 것을 바로 알아보았다. 하지만 형들은 잃어버린 동생 요셉이 이집트에서 가장 강력한 권력을 가진 총리가 되어 있을 것이라고는 꿈에도 생각하지 못했다.

요셉은 형들이 자신을 알아보는 것을 원하지 않았기 때문에 엄한 목소리로 말을 했다. 그는 그들에게 어디에서 왔으며 이집트에 온 이유가 무엇인지를 물었다. 그들은 기근이 심한 가나안에서 곡식을 사기 위해 왔다고 대답했다. 그러나 요셉은 그들에게 지금 기근과 굶주림으로 혼란스러운 때를 타서 이 나라의 약점을 정탐하러 온 것이 아니냐고 말했다.

oozing from them, but the fruit was scanty, and the people of the land suffered greatly from the famine. It was then that Jacob heard that corn was to be had in Egypt, and he sent ten of his sons to bring corn for the family. But he kept Benjamin at home, for he said, "Who knows, perhaps an accident may happen to him on the way," and now that Joseph had disappeared he was afraid of losing also Benjamin, the only surviving son of his beloved wife Rachel.

So they went down to Egypt. They were brought before Joseph, who alone gave directions for the distribution of the corn, and without whose permission nothing could be done. They prostrated themselves before him, and when he saw them he recognized them. But they never dreamed of finding their lost brother Joseph in the all-powerful master of Egypt.

He spoke harshly to them, for he wanted to make himself strange to them. He asked them where they had come from and what had brought them to Egypt. They replied that they had come from the famine-stricken Canaan to buy corn. But he replied that they had come as spies to find out the weakness of the land, for it was now disturbed through famine and starvation.

그러자 그들은 요셉이 의심하는 것과 달리 자신들은 모두 한 가족이며, 한 아버지의 아들들이라고 대답했다. 사실상 그들은 이전에는 더욱 수가 많았다고 했다. 열두 명의 아들이 있었으나, 한 명은 실종되고, 한 명은 나이 든 아버지와 함께 집에 머물러 있다는 것이었다. 요셉은 그들의 말을 믿지 않는 척했다. 마침내 그는 그들에게 곡식을 주기로 승낙했으나, 여기에는 두 가지 조건이 있었다. 그 중의 하나는 형제 중의 하나가 볼모로 남아 있어야 한다는 것이었으며, 두번째는 그들이 다시 이집트로 돌아올 때 막내아들을 데리고 와야만 한다는 것이었다. 그들은 이 조건을 받아들이고 당분간 지탱할 수 있는 식량을 가지고 집에 돌아갔다.

* * *

Then they said that they were all of them members of only one family, sons of one father, not as he might have suspected; and that in fact they had been more numerous still—they had been twelve, but one had disappeared and one was with the old father, who was still alive. Joseph pretended not to believe them. At last he consented to grant them the corn, but on two conditions: that one of them should remain behind as a hostage, and they should bring their youngest brother with them when they again came to Egypt. They accepted the conditions, and returned home with food which would last them for a time.

집에 도착한 그들은 야곱에게 이집트에서 일어났던 모든 일들과, 이집트 총리가 곡식을 내주면서 내건 조건을 이야기했다. 야곱은 그들의 약속을 듣고 매우 슬퍼했다. 유다가 자기가 직접 베냐민을 안전하게 지키겠다고 맹세한 후에야 야곱은 베냐민이 그들과 동행하는 걸 허락했다. 또한 야곱은 자신의 땅에서 거둔 농작물을 선물로 보냈는데, 이를테면, 약간의 향유와 야생꿀, 향신료, 몰약, 땅콩과 아몬드와 같은 것들이었다. 요셉이 베냐민을 데리고 오라고 강요한 것은, 자기 스스로가 형제들의 손에 크나큰 고통을 겪었던 후라, 그들이 자신의 동생인 베냐민을 다루는 태도를 확인하기 싶었기 때문이다.

형제들은 이집트에 도착해서 다시 요셉 앞에 나왔다. 요셉은 동생을 보자 북받쳐 오르는 감정에 어쩔 줄을 몰랐다. 그는 감정을 억제하고 먼저 나이 든 아버지의 안부를 물은 후에 어린 동생에게 "하나님이 그에게 은혜를 베풀 것이다."라는 특별한 인사말로 그를 환영했다. 이후 형제들은 요셉의 집에 식사 초대를 받았다. 요셉은 항상 다른 식탁에서 먹었다. 왜냐하면 이집트 사람은 외국인들과 같은 식탁에서 먹는 것이 금지되었기 때문이다. 그래서 요셉은 혼자서 자신의 식탁에 앉아서 식사를 했다. 그는 베냐민에게 특별한 음식을 보내고 전례가 없는 상당한 호의를 표했다.

When they came home they told their father all that had happened to them in Egypt, and of the conditions on which the master of Egypt had allowed them to obtain corn for the family. Jacob greatly lamented their promise, and only after Judah had pledged himself personally for the safety of the lad did Jacob consent to Benjamin accompanying them on their second journey to Egypt. He also sent Joseph some gifts of the fruits of the land, such as a little balm, a little wild honey, spices, myrrh, nuts and almonds. Joseph had insisted upon their bringing Benjamin with them, for after all he had suffered at the hands of his brethren, he was anxious to satisfy himself as to the manner in which they treated his brother.

When they reached Egypt they presented themselves again before Joseph, who was overcome with deep emotion on seeing his younger brother; but he mastered himself and asked first after the old father, and then welcomed his younger brother with a special greeting "that God may favor him." They were then invited to take their meal with Joseph at his house. He always ate at a separate table, for the Egyptians objected to dining together with foreigners, and Joseph sat by himself at his own table. He sent his brother special dishes, and marked out Benjamin for quite exceptional favor.

식사를 마친 후 요셉은 청지기에게 자루에 곡물을 채울 것과, 자신의 특별한 잔을 가지고 와서 베냐민의 자루에 몰래 숨겨 둘 것을 지시하였다. 쌀쌀한 아침 공기를 맞으며, 열한 명의 형제들이 함께 출발했으나, 마을 부근을 얼마 못가서 요셉의 청지기가 그들을 따라잡더니 그들 보고 배은망덕한 죄를 지었다고 책망했다. 그는 그들이 요셉만이 사용하는 특별한 컵을 훔쳤으므로 선을 악으로 갚았다면서 그들을 질책했다.

* * *

After the repast Joseph ordered the steward of his house to fill their sacks with corn, and to take his own special cup and hide it in Benjamin's sack. In the coolness of the morning all the eleven brothers departed together, but they had scarcely left the precincts of the town before the steward of Joseph's household overtook them and charged them with ingratitude, for he alleged that they had returned evil for good, inasmuch as they had stolen Joseph's cup, a special cup from which he alone drank.

형제들은 이런 혐의에 대해 너무 당혹스러워서 자신들의 자루를 조사해보라고 말했다. 누구든지 그 컵을 숨긴 사람이 있다면 죽여도 좋다고 하면서, 나머지 사람들은 요셉의 종으로 봉사하겠다고 말했다. 청지기는 자루를 뒤지기 시작했다. 나이 많은 사람부터 자루를 조사하기 시작해서, 가장 어린 베냐민의 자루에서 끝을 맺었다. 그런데 베냐민의 자루에서 컵이 발견되자 그들은 너무나 놀랐다. 그들은 눈앞에서 벌어지는 일을 보며, 과거에 자신들이 저지른 죄에 대한 처벌을 받을 때가 왔음을 직감했다. 이미 그들은 처음에 정탐꾼으로 의심을 받았을 때 자신들이 불쌍한 동생 요셉에게 했던 일을 기억하고는, 죄 없는 목숨에 피를 흘리게 한 것에 대해서 날카로운 양심의 가책을 느꼈었다.

그들은 옷을 찢고 가슴 깊이 절망하며 요셉의 집으로 돌아왔으며, 요셉은 집에서 그들을 기다리고 있었다. 요셉이 그들의 행위를 비난하자, 그들은 고통스러워하며 대답했다. "우리가 무슨 말을 하겠습니까? 우리가 어떻게 우리의 무죄를 입증할 수 있겠습니까? 하나님이 우리의 죄를 드러내셨습니다. 모든 책임을 지고 노예로 일하겠습니다." 하지만 베냐민에 대한 형제들의 신의와 애정을 극한까지 확인하고 싶었던 요셉은 이렇게 말했다. "도둑질을 한 사람만이 내 종이 되어 이곳에 남을 것이다. 너희들은 모두 집으로 돌아가도 좋다."

The brethren were greatly distressed at this accusation, and asked him to search among their sacks, and said that in whosoever's sack that cup were found, he should be killed, while the others would all serve as slaves to Joseph. The steward then started his search. He began with the eldest and finished with the sack of Benjamin, the youngest. To their great consternation, the cup was in Benjamin's sack. When they saw what had happened they felt that punishment had overtaken them for their guilt. Already when first charged with being spies they remembered what they had done to their poor brother Joseph, and felt keen remorse at the guiltless blood which they believed they had shed.

Now they tore their clothes, and with despair in their hearts, they returned to Joseph, who was still waiting for them in his house. To his rebuke at their evil deed, they plaintively replied: "What shall we say? How shall we justify ourselves? God has found out our sinfulness. We all take the full responsibility, and we are all willing to serve as slaves." But Joseph, who wanted to test their loyalty and devotion to their brother to the uttermost, replied: "Only he who has stolen is to remain a slave with me. You may all go home free."

그러자 유다는 요셉이 자기의 조언 때문에 노예로 팔려갔던 걸 기억하고 일어나서는 자신이 베냐민의 안전을 책임지기로 했다고 말하면서, 베냐민이 집으로 돌아갈 수만 있다면 자기가 기꺼이 노예로 남겠다고 했다. 그는 나이 든 아버지가 다시 비통에 잠겨 너무 슬퍼할 걸 생각하니 견딜 수가 없었다. 요셉은 그가 베냐민을 보호하고 안전하게 지킬 각오가 되어 있는 것을 보자, 더 이상 자기 자신을 억제하지 못하고 말했다. "내가 요셉입니다. 형들이 노예로 팔아넘긴 요셉이란 말입니다. 하지만 두려워하지 마세요. 형들은 자신들이 저지른 행동을 악이라고 여겼겠지만, 하나님은 그것을 선을 위한 일이라고 생각하셨습니다. 나를 이집트에 오게 한 것은 하나님의 계획이었습니다. 이제 내가 수많은 사람들의 목숨을 살리고 있으니까요."

이 말을 들은 형제들은 너무 큰 놀라움과 후회와 기쁨에 휩싸여서 큰 소리로 흐느꼈다. 그들이 너무 큰 소리로 울부짖는 바람에 이 소리가 바로의 귀에까지 들렸다. 요셉이 말했다. "아직 이 땅에는 기근이 수년 동안 지속될 것이니, 돌아가서 아버지와 가족들을 이곳으로 데리고 오세요. 이웃 땅 고센에 와서 가까이 살면, 좀더 쉽게 형제들을 도울 수 있을 것입니다." 바로도 요셉의 가족을 고센 땅으로 데려오는 것을 승낙했다. 요셉은 가나안에서 이집트까지 편하게 여행할 수 있도록 마차와 노새를 포함한 모든 물품을 제공했다.

Then Judah, who remembered that by his advice Joseph had been sold into slavery, rose up and said that he had pledged himself for the safety of Benjamin, and that he would willingly remain as a slave if Benjamin could return home. He could not endure the thought of his old father's renewed grief and sorrow. When Joseph saw to what length he was prepared to protect and shield Benjamin, he could no longer contain himself, and he said: "I am Joseph, whom you sold into slavery; but don't be afraid, for though you may have thought it for evil, God has thought it for good. It was the Divine plan that I should be brought down to Egypt, for I am now keeping alive a vast multitude of men."

At these words they were so much overcome with astonishment, remorse and joy, that they wept aloud — so loud that it was heard without, until the report of it reached the ears of Pharaoh. And Joseph said to them: "Go and bring our old father and your families here, for there will be still many years of famine in the land; but being near and living in the neighboring province of Goshen, I will be able to provide for you more easily." Pharaoh also approved of the wish of Joseph to bring his family to dwell with him in the land of Goshen. Joseph then sent wagons and mules and all that was necessary to make their journey easy from Canaan to Egypt.

또한 그는 형제들에게 아주 좋은 선물과 값비싼 의복들을 주었는데, 베냐민에게는 특별히 다섯 배나 더 값어치가 있는 물건들을 주었다. 형제들은 처음에 이집트에 왔을 때와는 다른 마음가짐으로 가나안으로 돌아갔다. 그들은 이집트에 볼모로 잡혀 있던 형제까지 데리고 모두 함께 돌아간다는 이 기쁜 소식을 아버지에게 전할 수 있다는 사실에 너무 기뻐 어쩔 줄 몰랐다.

야곱은 아들 요셉이 정말로 살아있다는 것을 믿는 데까지 한참이 걸렸다. 이미 나이가 상당히 많고 수많은 시련과 어려움 때문에 심신이 쇠약했음에도 불구하고 야곱은 당장 이집트로 향했다.

* * *

He gave them also handsome parting gifts and rich garments, but those which he gave to Benjamin were five times more precious. They returned to Canaan now in a different spirit from that in which they had gone down to Egypt. They were full of joy at the glad tidings they would bring to Jacob, to whom they all came back, even the one who had been kept as a hostage in Egypt.

It took some time before Jacob could believe that his son Joseph was indeed alive, and though already advanced in age and bowed down by the many trials and troubles he had undergone, he did not hesitate to go down to Egypt.

그는 하나님이 자신을 버리지 않으실 거라는 하나님의 약속을 통해 결심을 더욱 확고히 하게 되었다. 하나님이 자신을 버리기는커녕, 그와 함께 이집트로 가실 것이며, 그로 하여금 큰 민족을 이루게 하시고, 후에 다시 이집트에서 데려오실 것이라는 하나님의 약속을 믿고 마음을 굳혔다.

이후로 야곱의 자녀들은 이스라엘의 자손이라 불렸으며, 고센과 이집트에서 살면서 자손을 번성하여 엄청나게 강대한 민족을 이루었다.

"악인들은 많은 슬픔을 당하나, 여호와를 신뢰하는 자들은
그의 한결같은 사랑으로 보호를 받으리라." — 시편 32:10

And he was fortified in his decision by the Divine promise that God would not forsake him—nay, that God would go down with him to Egypt, where he would become a mighty nation, and that afterwards He would bring him up from Egypt once more.

The children of Jacob, henceforth called the children of Israel, dwelt in the land of Egypt, in the province of Goshen, and they multiplied and became exceedingly powerful.

"Many are the woes of the wicked, but the Lord's unfailing love surrounds the man who trusts in him." — Psalm 32:10

열 가지 재앙과 이집트 탈출

"여호와께서 여러분을 위해 싸우실 것입니다."
— 출애굽기 14:14

하나님이 모세와 아론에게, 바로에게 돌아가서 하나님의 말씀을 선포하며, 동시에 그의 완고함이 가져올 결과에 대해서 경고하라고 명하신 때는 모세가 80세 때였다. 이때 모세는 이집트의 모든 학문에 능통하였고 넓은 경험을 쌓은 상태였다. 그가 영원히 살아 있는 하나님만큼이나 더 위대하고 강력한 존재가 없다는 것을 깨달을 때까지 하나님은 모든 종류의 표징과 기적을 가지고 그 땅을 방문할 것이었다.

그래서 모세와 아론은 바로의 궁에 나타나 이스라엘 자손들을 해방시킬 것을 계속 요구했다. 모세와 아론을 하나님이 보내셨다는 증거로서 아론이 자신의 지팡이를 던지니, 광야에서 모세의 지팡이가 뱀으로 변했던 것처럼, 그의 지팡이가 뱀으로 변하였다. 이집트의 현자들도 아론과 똑같은 기적을 선보였지만, 아론의 지팡이가 그들의 지팡이를 모두 삼켜버렸다. 그러나 바로는 그들의 말을 듣지 않았다. 그래서 하나님이 열 가지 재앙을 내리셨는데 하나가 끝나면 자연적으로 다른 하나가 따라왔다.

The Ten Plagues and the Going Out of Egypt

"The Lord will fight for you." — Exodus 14:14

MOSES was eighty years old, was deeply versed in all the learning of the Egyptians, and had gathered also wide experience, when God commanded him and Aaron to go back to Pharaoh and to repeat the message, and at the same time to warn him of the consequences of his stubbornness. For God would visit the land with all manner of signs and wonders, until at last he would recognize that there was no God so great and so mighty as the Ever Living God.

Moses and Aaron thereupon appeared at the Court of Pharaoh, and repeated the demand for the deliverance of the children of Israel. As a proof that they were sent by God, Aaron threw his rod upon the ground, which, like the rod of Moses in the wilderness, turned into a serpent. The wise men of Egypt did likewise, but Aaron's rod swallowed all their rods up. But Pharaoh would not listen, and then God sent the ten plagues, one following upon the other in natural sequence.

하나님이 바로에게 보낸 첫번째 표징은 이집트 전역에 흐르는 강물을 피로 변하게 하는 것이었다. 이집트 사람들은 그 물을 마실 수 없어 우물을 파야 했으나 이것으로는 그들의 갈증을 채울 수 없었다. 그러나 바로는 여전히 완고하였다. 그는 백성들의 고통에 대해서 조금도 신경을 쓰지 않았다.

7일이 지나자 하나님은 모세를 바로에게 보내서 백성들을 풀어주라는 말을 전하게 했다. 그가 이 말을 듣지 않는다면 지금 악취가 나는 강에서 수많은 개구리가 나타날 것이었다.

* * *

The first sign which God sent against Pharaoh was that the waters of the river which flowed through Egypt turned into blood. The Egyptians were unable to drink of it, and had to dig wells, although these did not suffice their needs. But Pharaoh remained obdurate; he paid no heed to the sufferings of the people.

Seven days passed, and God sent Moses to Pharaoh to tell him to let the people go. If he should not listen to these words, then from the river whose waters had now become foul, frogs would come in vast numbers.

그러나 바로는 모세의 경고를 듣지 않았고, 결국 개구리가 온 땅을 휩쓸었다. 개구리들이 집안으로 들어오고, 침실로 들어와서 침대로 올라가고, 심지어 화덕과 그릇 속에도 들어갔다. 그러자 바로는 모세와 아론을 불러 말했다. "여호와께 기도하여 개구리를 우리에게서 떠나게 하라. 그러면 내가 이스라엘의 자손들을 자유롭게 풀어주고 하나님을 섬기겠다."

모세와 아론이 바로가 요구한 대로 하자, 모든 개구리가 그 자리에서 죽었으며, 사람들이 그것들을 모아 놓으니 거대한 산더미처럼 쌓였다. 바로는 개구리의 재앙에서 살아났음을 알게 되자, 마음이 다시 딱딱해졌다. 그는 마음이 변하여 이스라엘의 자손들을 풀어주지 않았다.

그러자 하나님이 모세에게 말씀하셨다. "아론에게 손을 뻗어서 지팡이로 땅의 티끌을 치게 해라." 그러자 땅의 티끌만큼이나 많은 수의 해충이 개구리의 썩은 몸에서 기어 나와서 모든 사람들과 동물들을 뒤덮어 버렸다. 이집트의 고대 마법에 능한 사제들도 자신들의 신이 모세와 아론의 신과 같은 힘을 가졌다는 것을 바로에게 보여주기 위해서 이러한 해충들을 만들려고 했기 때문에, 바로는 모세와 아론의 말을 주의해서 듣지 않았다. 그러나 그들의 마법은 단지 환상에 불과했기 때문에 실패로 돌아갔고, 그들마저도 이와 다른 해충들로 뒤덮였다.

Pharaoh did not listen to Moses' admonition, and frogs swarmed all over the land. They entered the houses, went into the inner chambers and jumped on to the bedsteads and into the ovens and troughs. Then Pharaoh sent for Moses and Aaron, and said: "Pray to God to take away these frogs from us, and I will let the people go and serve Him."

Moses and Aaron did as Pharaoh had requested, and the frogs died wherever they were, and the people swept them together and made huge heaps of them. When Pharaoh saw that he had been delivered of the plague of frogs, his heart again hardened; he changed his mind, and would not allow the children of Israel to go.

Then God said to Moses, "Let Aaron stretch out his hand and touch the dust of the earth with his staff." And out of the decaying bodies of the frogs came vermin as numerous as the dust of the earth, and man and beast were covered with them. The priests, who were versed in the ancient magic of Egypt, tried to produce such vermin as well, in order to show Pharaoh that their gods had the same power as the God of Moses and Aaron, and that he therefore need not listen to their message; but they failed because their magic was only delusion, and they themselves were covered with the lice and other vermin.

그러나 바로는 여전히 하나님의 말씀을 듣지 않았다. 그래서 하나님이 모세에게 말씀하셨다. "아침에 일찍 일어나서 바로가 강으로 내려갈 때 그를 만나서 이 말을 전하며 경고하거라. '사람들을 풀어주지 않으면, 내가 너에게 파리 떼를 보낼 것이다.'"

그리고 그것은 모세가 경고한 대로 실현되었다. 파리 떼가 이집트를 습격했으나, 이스라엘의 자손들은 덮치지 않았다. 이집트 땅은 파리 떼로 해를 입었다.

* * *

Still Pharaoh did not listen. So God told Moses: "Go, rise up early and meet Pharaoh when he goes down to the river, and warn him, saying, 'Let the people go, for otherwise I will send swarms of flies upon you.'"

And it came to pass as Moses had threatened. The swarm of flies came upon the Egyptians, but did not come upon the children of Israel. And the land of Egypt was corrupted by the flies.

그러자 바로가 모세를 불러서, 이스라엘 사람들이 이집트 땅에서 하나님께 희생제물을 드리는 것을 허락하겠다고 말했다. 하지만 모세는 이렇게 대답했다. "이집트인들이 신으로 섬기는 동물들을 어떻게 제물로 드릴 수 있겠습니까? 이것은 우리에게는 혐오스러운 행위입니다. 이집트 사람들이 반기를 들고 일어나서 우리에게 돌을 던질 것입니다. 우리는 반드시 자유로운 몸으로 이집트의 경계에서 사흘쯤 걸리는 광야로 가서 희생 제물을 드려야 합니다."

바로가 대답했다. "내가 너희를 보내주겠다. 그러나 너무 멀리 가서는 안 된다." 모세가 답했다. "또 다시 약속을 어기고 우리를 속일 생각하지 마십시오." 모세는 바로의 약속을 믿고 하나님께 기도를 드렸다. 그러자 파리 떼가 사라졌다.

바로는 여유가 생기자 또 바로 마음이 굳어 자신이 했던 약속을 철회해 버렸다. 그러자 하나님은 바로에게 다음 말을 전하려고 모세를 보냈다. "사람들을 내보내라, 그렇지 않으면 매우 무서운 전염병이 들판의 소, 말, 나귀, 양을 덮칠 것이다. 하지만 고센 땅에는 전염되지 않아 이스라엘의 가축들에게는 아무런 해도 없을 것이다."

그러나 바로는 귀를 기울이지 않았다. 그는 이집트의 가축들이 역병 때문에 죽어나가는 반면, 이스라엘의 가축들은 전혀 해가 없는 것을 보고도 생각을 바꾸지 않았다.

Then Pharaoh sent for Moses and said he would allow the people to worship their God by bringing sacrifices in the land of Egypt. But Moses replied: "How can we bring as sacrifices the animals worshiped by the Egyptians as gods, but which are abominations to us? The Egyptians will rise up against us and stone us. We must go free and bring our sacrifices in the wilderness, at a distance of three days' journey from the borders of Egypt."

And Pharaoh replied: "I will let you go, but not very far." Moses answered, "Do not deal deceitfully," but trusting to Pharaoh's promise, he prayed to God, and the swarm of flies was removed.

No sooner did Pharaoh see himself free than he hardened his heart and withdrew everything he had promised. Then God sent Moses to Pharaoh, saying: "Let the people go, or a very grievous murrain will come upon your cattle which is in the field, upon the horses, upon the donkeys, and upon the sheep; but it shall not touch the province of Goshen—the cattle of the Israelites shall remain immune."

But Pharaoh would not heed, and he remained unmoved although he saw the cattle of the Egyptians decimated by the pest, and those of the Israelites untouched.

그러자 하나님은 모세와 아론에게 말씀하셨다. "화덕에서 재 한 움큼을 가지고 온 땅에 자욱한 먼지 구름처럼 퍼지도록 하늘을 향해 뿌리거라. 그러면 그게 먼 곳까지 널리 오염시킬 것이다. 재가 떨어지는 곳에 있는 모든 사람과 동물들이 감염되어, 그들의 몸은 종기와 농포로 뒤덮일 것이다."

모세가 하나님이 명령한 대로 하니, 무서운 질병이 발생하였으며, 이집트 전역에 이 전염병이 엄습했다. 어느 누구도 피할 수 없는 이런 혹독한 질병에도 불구하고, 바로는 완강하게 버티며 모세와 아론을 통해서 전하신 하나님의 말씀을 듣지 않았다. 그는 너무나 자만하여, 나라 전역을 통해 자신의 전능하심을 깨닫게 하기 위해 그로 하여금 강고한 마음을 갖게 내버려 두신 하나님의 강한 힘을 깨달을 수 없었다.

바로가 다시 마음을 완강하게 굳히고 이스라엘 자손들을 자유롭게 풀어주지 않자 이집트에 놀라운 현상이 발생했다. 이집트는 원래 비가 내리지 않는 나라인데 갑자기 짙은 구름이 하늘을 덮고, 천둥과 번개가 땅을 뒤흔들었다. 우박을 동반한 무시무시한 폭풍이 불어오더니, 우박이 떨어질 때마다 번갯불이 섬광처럼 비쳤다. 우박이 들판에 있는 모든 사람과 동물들에게 내리쳤으며, 모든 나무들을 부러뜨렸다.

Then God said to Moses and Aaron: "Take a handful of ashes from the oven and cast it up towards the heavens so that it spreads like a cloud of dust over the land, and it will carry contamination far and wide, and wherever it falls, man and beast will be infected, and their bodies will be covered with boils and blains."

Moses did as God commanded, and a devastating sickness broke out, and the whole of Egypt was smitten with this infectious disease. Yet in spite of the severity of this illness, from which no one escaped, Pharaoh hardened his heart and refused to listen to the word of God, sent to him through Moses and Aaron. He was still too proud to acknowledge the mighty power of God, Who allowed him to remain stubborn at heart, that he, with the whole nation, might recognize His omnipotence.

When Pharaoh had again obstinately hardened his heart and refused to allow the children of Israel to go free, a remarkable phenomenon appeared in Egypt. Egypt is a rainless country, yet suddenly thick clouds covered the heavens, and thunder and lightning shook the earth. A great hail storm broke out, the flashes of lightning lighting up the hail as it fell. It smote every man and beast that were in the field and broke all the trees.

부러지기 쉬운 줄기에 달려 있던 풍성하게 익은 곡식들이 모두 꺾인 반면에 짧고 초록빛을 띤 아직 덜 여문 곡식들은 무사했다.

바로는 이집트가 생긴 이래로 결코 볼 수 없었던 이 천둥과 번개를 보고 겁에 질렸다. 처음으로 그는 유순하게 말했다. "내가 죄를 지었구나. 여호와는 공명정대하고, 나와 내 백성들은 사악하다." 그리고 그는 모세에게 여호와께 기도를 드려서 폭풍우를 그치게 하면 이스라엘의 자녀들을 보내고 더 이상 이 땅에 머물지 않게 하겠다고 간청했다. 모세가 밖으로 나가서 기도하자 폭풍우가 그쳤다.

* * *

The ripened corn on its brittle stalks was all broken down, but the short, green, unripened grain was saved.

Pharaoh was cowed at this tremendous outburst of thunder and lightning, the like of which had never been seen in Egypt since its foundation. For the first time he meekly said, "I have sinned; the Lord is just, I and my people are wicked"; and he entreated Moses to pray to God for the storm to cease, for he would let the children of Israel go, and they should stop no longer in the land. Moses went out and prayed, and the storm ceased.

평온을 되찾은 뒤 얼마 지나지도 않아서, 바로의 마음이 변했다. 바로는 모세와 아론을 불러서 하나님을 섬기러 갈 자가 누구인지 물었다. 모세는 한 사람도 빠짐없이 이집트를 떠나 자유의 몸으로 하나님을 섬기러 사막으로 갈 생각이라고 말했다. 그러므로 남녀노소 할 것 없이 모두가 간다는 것이었다. 그들은 심지어 자신들의 소 떼와 양 떼는 물론 소유물도 모두 가지고, 아무것도 남기지 않은 채 떠날 예정이었다. 그러자 바로는 이해하지 못하는 척하면서 남자들이 떠나는 것만 허용하겠다고 말했다. 나머지는 남겨두고 가야 한다는 것이었다. 그러고 나서 그는 모세와 아론을 쫓아버렸다.

이집트의 백성들은 처음에는 모세와 아론을 통한 하나님의 말씀을 듣지 않았으나, 이제 자신들이 잘못을 저질렀음을 깨달았으며, 그들 중의 일부는 위협적인 폭풍 소리를 듣고 들판에서 풀을 뜯어먹고 있던 양 떼와 소 떼들을 모아서 외양간이나 우리 안으로 몰아넣었다. 반면에 그 말을 듣지 않은 사람들은 우박 때문에 대부분의 소와 양들을 잃었으니 그 사람들이 후회를 하는 것은 당연했다.

하나님은 모세와 아론을 다시 바로에게 보내 그의 계속되는 완강함과 불순종으로 인해 발생하게 될 결과를 경고하라고 했다. 그리고 우박을 일으킨 폭풍우에 이어서 어마어마한 수의 메뚜기를 이집트 전역으로 불러들였다.

No sooner was calm restored than Pharaoh changed his mind. He sent for Moses and Aaron, and asked them who were to go to worship God. And Moses replied, all without exception, for they made it clear that they intended to leave Egypt altogether, and to worship God in the desert as free men. Therefore, the old and young, women and children were to go; they would even take their cattle and their flocks and all their belongings, and leave nothing behind them. But Pharaoh pretended not to understand, and said he would only allow the men to go; the rest were to remain behind. And he drove Moses and Aaron away.

The people of Egypt, who at the beginning would not listen to the words of God through Moses and Aaron, now began to recognize that they had done wrong, and some of them, on hearing of the threatened storm, had gathered their flocks and herds that were pasturing in the fields and put them in the stables and pens, while those who would not listen had reason to regret it, for the hail had killed most of the cattle and sheep.

God sent Moses and Aaron again to Pharaoh to warn him of the consequences of his continued stubbornness and backsliding, and in the wake of the storm which had brought the hail an enormous number of locusts were carried over Egypt.

메뚜기 떼가 땅의 전면을 다 덮어버려서 아무도 땅을 구별할 수 없을 정도였으며, 메뚜기들은 나무에 남아 있는 푸른 잎과 땅에서 싹튼 모든 것을 재빨리 게걸스럽게 먹어 치웠다. 모든 곳이 메뚜기로 덮였다. 왕궁도, 대신과 신하들의 집도 메뚜기의 침입을 막을 수가 없었다. 정말로 그들은 먹을 것을 하나도 남기지 않았다. 기아가 이집트 사람들의 눈앞에 닥쳐왔다.

* * *

They covered the face of the land, so that no one could distinguish the earth, and whatever green leaf had been left on the tree, and anything which had sprouted from the ground, was quickly devoured by these insects. Every place was filled with them; neither the palaces nor the houses of the ministers nor the servants could be protected from the inroad of the locusts; in fact, they left nothing eatable. Famine stared in the face of the inhabitants of Egypt.

그리하여 바로는 모세와 아론을 급히 불러들여, 다시 애원했다. "내가 잘못했으니 이번 한 번만 여호와께 간청해서, 메뚜기 재앙이 가져온 기근과 굶주림에 의한 죽음의 위험을 피할 수 있게 하라."

모세가 하나님께 기도를 하자, 서풍이 불어와 메뚜기 떼를 들어올리더니 이집트 경계선 너머 바다로 옮겨버렸다. 그러자 바로는 마음이 다시 굳어져서, 사람들을 보내주지 않았다.

그러자 하나님은 모세에게 말씀하셨다. "이집트를 향해 네 손을 뻗어라." 그러자 짙은 어둠이 이집트를 뒤덮었는데, 이 흑암이 너무 짙어서 거의 손으로 느낄 수 있을 정도였다. 흑암은 3일 동안 계속되어, 어느 누구도 집 밖으로 나갈 수가 없었다. 하지만 이스라엘의 자손들이 사는 고센 지방에는 사람들이 사는 곳마다 광명이 비추었다. 바로가 이집트에 내린 이 어둠의 장막을 보고, 다시 모세와 아론을 불러서 말하길, 그들을 모두 보내 주긴 하겠지만 다시 돌아온다고 믿을 수 있도록 가축은 남겨두어야 한다고 했다.

Then Pharaoh sent in haste for Moses and Aaron, and he begged of them again, "Entreat the Lord only this once, for I have sinned, that God remove the danger of death by famine and starvation, which has been brought about by the plague of the locusts."

And Moses prayed to God, and a west wind arose and lifted up the hosts of locusts and carried them away to the sea, beyond the borders of the land of Egypt. And again Pharaoh hardened his heart, and would not let the people go free.

Then the Lord said to Moses, "Stretch out your hand over Egypt," and a thick darkness fell over Egypt, so thick that it could almost be felt. It lasted for three days, and the people were unable to move from their houses; but in the province of Goshen, where the children of Israel lived, there was light in their dwelling-places. When Pharaoh saw this pall of darkness falling upon Egypt, he again called for Moses and Aaron, and said to them that they could all go now, but they must leave their cattle behind, for he wanted to make sure of their return.

그러나 모세는 양과 소를 가지고 가야 할 뿐 아니라, 이제 하나님의 능력을 깨닫고 하나님의 명령에 복종하게 된 바로도 자신의 이름으로 하나님께 제물을 드릴 수 있도록 그들에게 가축을 함께 보냄으로써 그의 순종을 보여줘야 한다고 요구했다. 수치심을 느낀 바로는 이 말에 격분해서 말했다. “내 앞에서 사라져라. 그리고 내 앞에 나타나지 마라. 만일 네가 내 앞에 다시 나타나는 날에는 죽음을 면치 못할 것이다.” 모세가 말했다. “좋습니다. 다시는 왕 앞에 나타나지 않겠습니다.”

마침내 마지막 재앙이 내려졌다. 그때까지 마음이 움직이지 않았던 바로는 그제야 하나님의 명령에 복종하지 않고 자신이 한 약속을 어겨도 벌을 받지 않을 것이라고 믿었던 자신의 어리석은 완고함과 고집스러운 마음을 벌하신 혹독한 하나님의 심판을 느끼게 되었다.

하나님이 모세를 불러서 말씀하시기를, 이집트에서 처음 탄생한 것은 사람이든 동물이든 모두 한 순간에 죽게 될 것이라고 했다. 이 일은 한밤중에 일어날 것이었다. 죽음의 천사가 이집트를 통과하면서, 아버지 대신에 나라를 다스려야 할 왕자부터 옥에 갇힌 죄수까지 모든 장자는 다 죽일 것이며, 뿐만 아니라 이집트의 우상들도 죽이고 파괴시킬 것이다. 살아남은 장자는 아무도 없을 거라고 하셨다.

But Moses replied that not only would they have to take their flocks and herds, but that they even expected Pharaoh, who had now recognized the power of God and had obeyed His command, should show his obedience by sending with them cattle which could be brought as sacrifices to God in his name. This so enraged Pharaoh, who felt himself humiliated, that he said: "Get out of my sight, make sure you do not appear before me again! The day you see my face you will die." And Moses replied: "Just as you say, I will never appear before you again."

At last the final blow fell. Until then Pharaoh himself had not been touched, but now he was also to feel the severity of God's judgment against his blind obstinacy and the hardening of his heart, for he had believed that he could with impunity disobey God's commands and break his own promises.

God called Moses and told him that all the first-born of Egypt were to die, both man and beast, at a given moment. It was to take place in the middle of the night, when the Angel of Death would pass through Egypt and smite and destroy the idols of Egypt, as well as the first-born, from the prince who should rule in his father's stead to the captive in the dungeon. None was to be spared.

이렇게 되면 바로의 자존심이 꺾여 이스라엘의 자손들을 떠나라고 재촉할 것이며, 심지어 급하게 몰아내려고까지 할 것이다. 그러나 이스라엘 자손들은 이 일을 미리 준비해야 하며, 이집트 사람들에게 금은보석을 요구해야 할 것이다. 하나님께서 이집트 사람들로 하여금 이스라엘 사람들에게 호감을 갖게 하셔서, 이집트 사람들은 그들의 요구대로 기꺼이 줄 것이라고 하셨다.

동시에, 하나님은 모세에게 그 지역의 장자들을 모아서, 각 집마다 양 한 마리를 구해 정해진 날 저녁에 잡으라고 말씀하셨다. 그리고 그 고기를 구어서 특별한 식사를 만들게 하셨다. 양은 통째로 불에 굽고 양의 피를 받아서 뒷문과 문의 상인방에 뿌려 표시를 해두라고 하셨다. 그러면 이집트의 장자를 죽이러 찾아온 죽음의 천사가 이런 집들은 그 어느 것도 해치지 않고 그냥 지나칠 것이다. 게다가 그들은 허리에 띠를 두르고, 발에 신을 신고, 손에 지팡이를 쥔 채 이 고기를 먹어야 했고, 아울러 쓴 나물과 누룩을 넣지 않은 빵을 먹어야 했다. 하지만 정해진 신호가 들리면 바로 길을 떠날 준비를 하고 있어야 한다고 하셨다.

Then Pharaoh's pride would be broken, and the children of Israel would be urged to leave the country, and would even be driven out in hot haste. But they were to be prepared for the event, and were to ask of their neighbors and friends gifts of silver, gold and jewels and God would give them favor in the sight of the Egyptians, who would willingly accede to their requests.

At the same time God commanded Moses to call together the elders of the community and tell them that they were to obtain a lamb for each household, which was to be slaughtered on the evening of the appointed night. They were to roast it and make a special meal of it. It was to be roasted in its entirety in fire, and they were to take its blood and sprinkle it on the posterns and lintels of their doors, as a token; and the Angel of Destruction, who would come and smite the first-born of Egypt, would pass over their houses and cause no hurt to anyone. Moreover, they were to eat this meal in their houses with their loins girded, the shoes on their feet, and their staffs in their hands; and with the lamb they were to eat bitter herbs and unleavened bread. But they should be ready to depart at the given signal.

이스라엘의 자손들은 모세가 그들에게 명한 대로 했다. 그래서 이와 같이 후세의 모든 세대를 위해서 유월절이 제정되었다.

약속된 날이 오자 모든 집에서 사람들이 죽어나가면서 이집트 전역에 통곡이 넘쳐났다. 한밤중에 바로와 신하들이 일어나서 모든 이집트 사람들과 함께, 모세와 아론을 불러서 서둘러 그 땅을 떠나라고 하면서, 즉시 떠나라고 그들을 재촉했다. 이스라엘의 자손들이 그들과 좀 더 오래 머물게 되면, 자신들도 죽게 될까 봐서 두려웠던 것이다.

이스라엘의 자손들은 너무 급하게 서둘러서 떠나는 바람에 빵을 구울 시간조차 없었다. 그들은 반죽을 그대로 등에 짊어지고 가다가 후에 햇빛에 구어서 누룩을 넣지 않은 빵을 만들었다. 이것이 바로 유월절에 먹는 일종의 무교병이었다.

바로는 너무 기가 꺾여서 그들이 떠날 때 자신에게 축복을 내려달라고 요구하기까지 했다. 이 모든 일이 니산이라 불리는 첫달(니산 월, 태양력으로 3, 4월 사이) 15일 저녁에 일어났으며, 이날 하나님은 이스라엘의 자손들을 그들의 모든 무리와 함께 이집트에서 구해내셨다.

The children of Israel did as Moses commanded them, and thus the Feast of Passover was established for all generations to come.

When the appointed night came, there arose a wailing in the whole of Egypt, for there was not a house in which there was no dead. In the middle of the night Pharaoh and his servants rose up, and all the nation with them, and they called on Moses and Aaron and asked them to leave the country in haste, and urged them to go at once, for they feared they also would die if the children of Israel remained longer with them.

So great was the haste with which the children of Israel were urged to leave that they had no time to bake their bread. They had to take the dough as it was, on their backs, and carry it with them, and afterwards they made of it unleavened bread, which was baked in the sun. And this was the kind of unleavened bread they were to eat during the Feast of Passover.

So greatly humbled was Pharaoh that he even asked the people to bless him as they went. All this came to pass in the night of the fifteenth day of the first month, called Nisan, when God brought the children of Israel out of the land of Egypt with all their hosts.

사람들이 이집트를 떠난 지 얼마 되지 않아서 바로는 사람들을 자유롭게 풀어준 것을 후회하기 시작했다. 이스라엘 사람들은 곧바로 가로질러서 가지 않고 모세의 인도를 받으면서 홍해의 두 요새 지역으로 돌아서 갔다. 바로가 말했다. "그들이 길을 잃었다. 곧 사막이 그들 앞을 가로막을 것이다." 이로 인해 대담해진 바로는 수레와 마병을 거느린 군대를 모아서 이스라엘 자손들을 추적하기 시작했다.

이스라엘 사람들은 이집트의 군대가 쫓아오는 것을 보고는 낙담하여 모세에게 반항했다. "이집트에 우리를 묻을 데가 없어서 여기까지 데리고 와서 광야에서 죽게 하는 것이요? 광야에서 목숨을 잃느니, 이집트로 돌아가서 이집트 사람들을 섬기는 것이 더 낫겠소." 그러나 모세는 그들을 안심시키며 말했다. "하나님의 승리를 볼 것이니, 굳게 마음을 먹고 두려워하지 마시오. 하나님이 우리를 위해 싸우실 것입니다."

이어서 하나님이 모세에게 말씀하셨다. "손을 홍해 위로 뻗으라. 그러면 바다가 갈라져서 사람들이 마른 땅 위로 지나갈 수 있을 것이다."

하나님이 말씀하신 대로 하자 강력한 바람이 동쪽에서 불어와 바닷물이 높은 파도를 일으키며 물러가서 마치 벽처럼 갈라졌다. 텅 빈 바닥이 드러나고 이스라엘의 모든 자손들이 앞에는 불기둥, 뒤에는 구름 기둥의 호위를 받으면서 마른 땅을 걸어서 지나갔다.

No sooner had they left the country than Pharaoh repented of having let the people go free. As the Israelites had not taken the direct route, but had been led by Moses in the neighborhood of the two fortresses by the sea, Pharaoh said, “They have lost their way, the desert will close in upon them.” Emboldened by this, he called his army together, with his chariots and riders, and started in pursuit of the children of Israel.

When they saw the army of Egyptians approaching, they lost heart and turned upon Moses, saying: “Are there not graves enough already prepared in Egypt, that we are led out to die here? It will be better for us to return and serve the Egyptians rather than find our death in the wilderness.” But Moses comforted them and said: “Don’t be afraid, stand firm, for you will see the victory of God; He will fight for us.”

And God said to Moses: “Stretch forth your hand over the waters, and they will divide, and the people will pass through them as over dry land.”

And a mighty wind blew up from the east, and the waters of the sea were driven in high waves which stood up like walls. The ground was left bare, and over it passed dry-shod the whole host of the children of Israel, with a pillar of fire before them and a pillar of cloud behind.

분노로 눈이 멀고, 이스라엘 사람들에게 가까이 가지 못하게 가로막는 구름 기둥으로 혼란에 빠진 이집트 군대는 그들을 다시 노예로 되돌리겠다는 희망을 품고, 이스라엘 사람들을 좇아 바다로 뛰어들었다. 모세가 팔을 들자 바람이 멈추고, 탑처럼 솟은 바닷물이 바닥으로 떨어지며 이집트 병사의 무리를 거대한 파도로 덮어 버렸다. 그들 가운데 단 한 사람도 빠져나갈 수 없었다.

모세와 이스라엘의 자손들은 위대한 노래를 불렀는데, 이것은 자유의 몸이 된 사람들의 첫 번째 찬미가였다.

Blinded by fury and confounded by the pillar of cloud which separated them from their prey, and also in the hope of bringing them back to slavery, the Egyptian army plunged into the sea after the Israelites. Moses stretched out his arm, and the wind stopped, the towering waters dropped and covered the host of the Egyptians in their mighty waves. Not one of them escaped.

Then Moses and the children of Israel sang their great song, the first hymn of a freed people.

그러고 나서 그들은 광야를 가로질러서 그들의 여행을 시작했으며, 여정들을 다 끝내고 나서 시내산에 도착했다. 그들은 바로 그 불타는 떨기나무에서 하나님이 처음으로 모세에게 말씀을 하셨을 때 예언하셨던 대로 하나님께 참배를 올렸다. 하나님은 또한 그곳에서 십계명을 주셨으며 성경에 주어진 율법과 법률을 주셨다.

"여호와는 의로운 일을 행하시며 억압당하는
모든 사람을 위해 정당한 판결을 내리신다." — 시편 103:6

They then started on their journey through the wilderness, which they accomplished in stages until they reached Mount Sinai. There they worshiped God, as He had foretold to Moses when He first spoke to him on that very spot from the Burning Bush. There also God gave the Ten Commandments, and the laws and prescriptions as given in Holy Writ.

"The Lord works righteousness
and justice for all the oppressed." — Psalm 103:6

여리고 성의 함락

"나는 하나님이 이 땅을 이미 당신들에게 주신 것을 압니다." — 여호수아 2:9

모세는 여호수아에게 약속된 땅으로 가는 국민들을 인도하는 역할을 맡겼다. 그의 앞에 무거운 과업이 놓여 있었다. 여호수아는 그 땅을 정복하고 그것을 이스라엘 종족들에게 나눠주어야만 했다. 하나님이 그에게 말씀하셨다. "나의 종 모세가 죽었다. 마음을 굳게 먹고 용기를 가져라. 내가 항상 너와 함께 할 것이니, 두려워 말아라. 광야에서부터 레바논에 이르기까지, 큰 강인 유프라테스강에서부터 대해에 이르기까지 네가 발로 밟는 모든 땅을 너희에게 줄 것이다. 내가 항상 너와 함께 하며 너를 저버리지 않을 것이다. 하지만 나의 종 모세에게 명령했던 모든 율법을 다 지키고 실천해야 한다. 항상 조심하고 신중하게 행동하라. 그리하면 어디에서든지 번창할 것이다."

이에 여호수아는 백성에게 3일 안에 요단강을 건너서, 하나님이 그들의 조상 아브라함, 이삭, 야곱에게 약속했던 땅에 들어갈 것이니 떠날 준비를 하라고 일렀다. 그러고 나서 여호수아는 자신들이 가게 될 도시인 여리고의 상황을 엿보기 위해서 정탐꾼 두 명을 비밀리에 보냈다. 길을 떠난 두 사람은 라합이라는 여인이 운영하는 여관집에 머물렀다.

The Fall of Jericho

"I know that the Lord has given this land to you."
—Joshua 2:9

MOSES had appointed Joshua leader over the people who were going into the Promised Land. A heavy task lay before him. He was to conquer the land and divide it among the tribes of Israel. And God said to him: "My servant Moses has died. Be strong and courageous; Do not be afraid, for I will be with you. And wherever your foot will tread I will give the land unto you, from the desert to the Lebanon, and from the great River Euphrates to the great Sea. I will be with you and will not forsake you. But keep and practice all the laws which I commanded My servant Moses. Be careful and prudent, so that you may prosper in all your ways."

Then Joshua commanded the people to get ready, for in three days they were to cross the Jordan and enter the land which God had promised to their fathers Abraham, Isaac and Jacob. Then Joshua sent two messengers secretly to examine the state of the town — Jericho — which they were facing. The two men went, and came to a woman called Rahab, an innkeeper, where they lodged.

여리고의 왕은 이스라엘 자손들인 이방인이 들어왔다는 소문을 듣고, 라합에게 사람을 보내서 이들을 내놓으라고 요구했다. 하지만 라합은 이미 그들을 데리고 가서 지붕에 널어 놓은 삼대 밑에 숨겼다. 그녀는 병사들에게 이방인들이 머물렀던 것은 사실이지만 밤이 되어 성문을 닫기 전에 떠났기 때문에 그들이 어디로 갔는지 더 이상 아는 것이 없다고 말했다.

* * *

News was brought to the king of Jericho that strangers had come from among the children of Israel, and he sent men to Rahab asking her for these strangers. But she had taken them and hidden them on the roof of the house under some heaps of flax which had been gathered there, and told the king's men that indeed strangers had been, but that she did not know anything more about them, as they had left before the gates of the town had been closed when night was coming on.

그러고 나서 그녀는 두 사람에게 올라가 말했다. "나는 당신들(이스라엘 사람들)이 이 나라를 정복하리라는 것을 알고 있습니다. 이 땅에 사는 모든 사람들이 공포에 떨고 있어요. 이스라엘 사람들 앞에서는 용기도 사라져 버립니다. 우리는 하나님이 이집트에서 당신들을 인도해 냈을 때 하신 일들과, 당신들이 아모리의 왕을 어떻게 처치했는가를 들었습니다. 당신들이 이 땅을 정복할 때, 나와 내 가족을 구해준다고 맹세해 주십시오."

그들은 자신들이 여리고에 진입할 때 그녀와 함께 그녀의 집에 모이게 될 가족들을 모두 보호해 주겠다고 약속했다. 그리고 그녀에게 가족과 함께 숨어 있을 집의 창 밖으로 붉은 줄을 묶어놓으라고 말했다. 왜냐하면 그녀의 집이 성벽 위에 있었으며, 창문이 벽을 향해 나 있었기 때문이다.

라합이 이방인들이 요단강 쪽으로 갔다고 말했기 때문에, 왕의 병사들은 멀리 요단 시내까지 주변 지역을 샅샅이 뒤졌다. 반면에 라합은 정탐꾼들에게 추적자들이 마을로 돌아갈 때까지 3일 동안 산에서 숨어 지내라고 충고했다. 그들은 그녀가 시키는 대로 했으며, 임무를 마치고는 충분한 보고 사항을 가지고 여호수아에게 무사히 돌아왔다.

Then she went up to the two men and said to them: "I know that you will conquer this country, because a terror has fallen upon all its inhabitants, and their courage is melting away before you. We have heard what God did for you when He brought you out of Egypt, and how you smote the great kings of the Amorites. Now pledge yourselves to me by an oath that you will spare me and my family when you capture this town."

They promised to protect her and those of her family who would be gathered in the house with her when they entered Jericho. And they told her to tie a scarlet line on to the window through which they were going to be let down, for her house was on the wall of the city, and the window looked out from the wall.

The king's men searched the surrounding country as far as the ford of the Jordan, for Rahab had told them that the spies had taken that direction; while to the messengers she said that they had better hide themselves for three days in the mountains, until the king's pursuers had returned to the town. Thus they did, and they came safely back from this errand to Joshua, bringing him the full report of these events.

3일째가 되었다. 백성들이 떠날 준비가 되었을 때 하나님께서 여호수아에게 이르시기를 제사장들에게 언약궤를 메고 백성들의 선두에 서서 용감하게 요단 강물에 들어서게 하라고 하셨다. 위쪽에서 흘러내리던 물이 끊어지고, 아래쪽의 물결이 재빨리 없어지면 그들은 강물 한 가운데로 걸어 들어가야 하는 것이었다. 그렇게 되면 백성들이 요단 강바닥을 통과하면 되었다. 그리고 그들이 지나간 후에 제사장들이 그 마른 땅을 따라가야 했다. 그 다음에 하나님은 사람들에게 강바닥에서 이스라엘의 열두 개의 지파의 수를 상징하는 열두 개의 돌을 주어서 후세에 기념비로 남을 돌무더기를 강 건너편에 쌓으라고 하셨다. 이 기념비는 그들의 조상이 홍해의 마른 땅을 밟고 건넌 것처럼, 이스라엘 사람들이 여호수아의 지휘 아래 요단강의 마른 땅을 밟고 건넜음을 후대에 전하게 될 것이었다.

그들은 하나님의 명에 따랐으며, 제사장들의 발이 요단 강물에 닿자마자 위에서 흘러내려오던 물이 흐름을 멈췄고 아래쪽의 물도 재빨리 흘러내렸다.

The third day had arrived. The people were ready to march, when God told Joshua to send the priests carrying the Ark of the Covenant on in front to lead the people, and to step boldly upon the waters of the Jordan. They were to walk on to the middle of the river, when the waters coming from above would cease flowing, and those below would quickly run off. Then the people were to pass through the Jordan over the bed of the river. After they had passed, the priests were to follow on to the dry ground. The people were then to take twelve stones from the bed of the river, to represent the twelve tribes, and of these a cairn was to be made on the other side of the river as a memorial for the generations to come. It would tell them that in the same manner as their forefathers had passed dry-shod through the Red Sea, so also did these men pass dry-shod through the waters of the Jordan under Joshua.

They did according to God's command, and as soon as the feet of the priests touched the waters of the Jordan the waters coming down from above stopped flowing, and those below quickly ran off.

사람들은 요단 강바닥의 마른 땅 위를 걸어서 요단강을 통과했으며, 그러고 나서 하나님의 명대로 제사장들이 서 있던 장소에서 열두 개의 돌을 주어서 강의 건너편의 마른 땅으로 옮겼다. 그러자 강물이 풍성하게 쏟아져 나와서 둑 위로 넘쳐흘렀다.

백성들은 길갈이라는 장소에서 진을 쳤다. 그때가 바로 유월절이었으므로, 그들은 율법에 명시된 대로 의식을 거행했다. 만나가 떨어지자, 유월절의 이튿날부터는 그 땅에서 난 곡식을 먹기 시작했다. 지금까지 그들 앞에서 떠다니던 구름이 걷혀서 그들의 시야에서 사라졌다. 이제 그들은 여리고에 가까이 왔다.

여리고는 큰 땅이었으며 그 도시를 빙 둘러 싼 튼튼한 성벽으로 요새화되어 있었다. 그곳 주민들은 이스라엘 군대가 다가오고 있는 것을 보고는 큰 공포에 사로잡혀 성문을 닫고 재빨리 잠갔다. 어느 누구도 나가거나 들어오는 것이 허락되지 않았다. 그들은 이스라엘 사람들의 공격으로부터 자신들을 지켜줄 견고한 성벽에 그들의 생명을 의지했다. 이스라엘 사람들은 굳건한 요새를 보자 용기를 잃었다. 그것이 그들의 첫 번째 전투였기 때문에, 그들은 성벽을 무너뜨리고 도시를 점령할 수 있는 방법을 알지 못했다.

The people passed with dry feet over the bed of the Jordan, and then they took the twelve stones which they had been commanded to take from the place where the priests had been standing, while these moved on to the dry land on the other side of the river. Then the waters flowed down abundantly, and the river overflowed its banks.

The people encamped at a place called Gilgal. It was just then the time of the Passover, and they celebrated it according to the prescription of the Law. The Manna had ceased to fall, and from the second day of the Passover they began to eat the corn of the land. And the cloud which had hitherto been going before them was lifted up and vanished from their sight. They came then close to Jericho.

Jericho was a great town, and fortified by a strong wall which went round the city. When the inhabitants saw the army of the Israelites approaching, a mighty terror fell upon them, and they closed the gates of the town and shut them up fast. No one was allowed to go out or to come in. They relied on the strong walls to save them from the attack of the Israelites. When the Israelites saw these mighty fortifications they also lost courage. This was their first battle, and they did not know how they would be able to break down the walls and capture the city.

그러나 하나님은 이미 아무런 해도 입지 않고 요단강을 건너게 하는 기적을 행하셨다. 하나님께서 여호수아에게 말씀하셨다. "이스라엘 백성들에게 성 주위를 둘러싸게 하라. 그리고 제사장들은 언약궤를 메고 가게 하라. 무장한 무리가 그들을 앞장을 서거나 뒤따라가야 한다."

제사장들은 행진하면서 나팔을 불어야 했고, 다른 사람들은 조용히 해야 했다. 6일 동안 이렇게 하다가, 7일째 되는 날에는 성을 일곱 바퀴 돌며 나팔을 불어야 하는데, 나팔소리가 들리면 모든 사람들이 소리를 질러야 했다. 그러면 성벽이 무너질 것이고, 그들은 성안으로 들어가서 그 땅을 정복할 수 있을 것이라고 하셨다.

여호수아는 제사장들을 불러 하나님이 명한 대로 따르도록 지시했다. 여호수아는 백성들에게 6일 동안은 조용히 있다가, 7일째 되는 날에 엄청나게 큰 함성을 질러야 한다고 말했다. 제사장들과 백성들은 여호수아가 명령한 대로 하였다. 날마다 그들은 언약궤를 메고 나팔을 불며 그 성 주위를 돌았다. 그리고 7일째가 되는 날에 성을 일곱 번을 돌고 나팔을 불었을 때 백성들은 소리를 질렀다. 그러자 땅이 진동하고 성벽이 흔들리더니 무너져 내렸다. 사람들은 어느 곳에서나 자신이 서 있던 장소에서 마을 안으로 곧장 침입할 수 있었다. 그들은 그곳을 정복하고 완전히 파멸시켰다.

But God had already performed one miracle for them in getting them past the River Jordan unharmed. He said, therefore, to Joshua: "Let the people surround the town, and the priests carry the Ark of the Covenant. And armed bands should precede and follow them."

The priests should blow the trumpets while marching along, but the people were to keep silent. This they were to do for six days, but on the seventh day they were to make seven circuits of the town, and blow their trumpets, and when the trumpets were blown the people were to shout, and the walls would then fall down. Then they would be able to enter the town and conquer it.

Joshua then called the priests and ordered them to do as God had commanded. He told the people to be silent for six days, but on the seventh day they were to break into a mighty shout. The priests and people did as Joshua had commanded them. Each day they made a circuit round the town, carrying the Ark of the Covenant and blowing trumpets; but on the seventh day they went round the town seven times, and when they blew the trumpets the people shouted. Then the earth trembled, the walls shook and fell down, and wherever a man happened to stand he was able to walk straight into the town. They conquered it and absolutely destroyed it.

그러나 백성들은 라합이 여호수아의 정탐꾼에게 보여 주었던 친절을 잊지 않았으며, 그녀와 가족들을 구해 주겠다는 맹세도 잊지 않았다. 그래서 그들은 그 약속을 성실히 지켰다.

단연코 하나님의 도움으로 이룬 이 놀랄 만한 승리는 이스라엘 사람들에게는 용기를 크게 북돋아 준 반면에, 그 땅의 다른 거주민들을 두려움에 떨게 했다. 하나님은 모든 국가를 정복할 때까지 이스라엘 사람들을 도우실 것이다.

"그들은 자신들의 칼로 땅을 정복한 것이 아니며,
자신들의 무력으로 승리를 얻은 것이 아닙니다." — 시편 44:3

✳ ✳ ✳

But the people remembered the kindness shown to the messengers of Joshua by Rahab, and the pledge which had been given to her to save her and her family, and they faithfully kept their promise.

This extraordinary victory, which was visibly by the help of God, greatly encouraged the people, while it frightened the other inhabitants of the land. God would help the Israelites until they had conquered the whole country.

*"It was not by their sword that they won the land,
nor did their arm bring them victory." — Psalm 44:3*

룻

"어머니의 백성이 저의 백성이 되고 어머니의 하나님이 저의 하나님이 되실 것입니다." — 룻기 1:16

사사들이 이스라엘을 다스리던 시대에 그 땅에 엄청난 흉년이 들었다. 유대(유다) 베들레헴에는 엘리멜렉이라고 하는 부자가 살고 있었다. 그는 아내 나오미와 두 아들인 말론과 기룐을 데리고 모압에 있는 초원 지방으로 가서 살았다. 그곳에서 엘리멜렉이 죽고, 그의 두 아들은 모압 여자와 결혼을 했다. 그들이 그 땅에 산 지 10년이 되었을 때 두 아들마저 숨을 거두었다.

나오미는 여호와께서 자신의 백성을 기억하여 그 땅에 풍년이 들게 하셨다는 소식을 듣고 고향으로 돌아가기로 결심했다. 그녀는 두 며느리에게 말했다. "너희는 각자 친정아버지의 집으로 돌아가라. 너희가 죽은 너희 남편과 나에게 보여준 모든 애정에 대해 여호와께서 너희들에게 은혜를 베푸시길 바라며, 재혼하여 각자 남편의 집에서 평안함을 찾기를 바란다." 오르바라는 며느리는 나오미에게 입을 맞추고 친정집으로 돌아갔으나, 다른 며느리 룻은 그녀에게 매달렸다.

Ruth

"Your people will be my people and your God my God."
— Ruth 1:16

IN the time when the judges ruled in Israel there came a great famine in the land. There was a rich man named Elimelech, who lived in Bethlehem-of-Judah. He took his wife Naomi and his two sons, Mahlon and Kilion, and went to stay in the plains of Moab. There Elimelech died. His two sons took Moabitish women to wife. And so they lived for ten years, when the two men died.

Then Naomi, who had heard that God had remembered His people and had given them bread again, decided to return to her own country. She said to her two daughters-in-law: "Return now to your own father's house, and for all the love which you have shown the dead and the living may the Lord recompense you, and may each of you find rest in the house of her husband." Then Orpah, one of the daughters-in-law, kissed her and went back to her father's house, but Ruth, the other daughter-in-law, clung to her.

나오미는 룻을 설득해서 오르바처럼 고향으로 돌아가게 하려고 했으나, 그 며느리는 끝내 거절하며 이렇게 말했다. “저에게 억지로 어머니 곁을 떠나라고 강요하지 말아주세요. 어머니께서 가시는 곳에 저도 가고, 어머니께서 사시는 곳에 저도 살겠습니다. 어머니의 백성이 나의 백성이고 어머니의 하나님이 저의 하나님이 되실 것입니다. 어머니께서 돌아가시는 곳에서 저도 죽어 묻힐 것입니다. 죽음이 우리를 갈라놓기 전에 만일 제가 어머니 곁을 떠나면 여호와께서 저에게 무서운 벌을 내리시길 원합니다.”

✳ ✳ ✳

Naomi tried to persuade her to follow Orpah's example, but she steadfastly refused, and said: “Don't urge me to leave you or to turn back from you. Where you go, I will go; and where you stay, I will stay; your people will be my people, and your God my God. Where you die, I will die, and there I will be buried. May the Lord deal with me, be it ever so severely, if anything but death separates you and me.”

나오미는 룻이 마음을 확고하게 먹은 것을 보고 더 이상 강요하지 않았다. 두 사람은 함께 여정에 올라서 베들레헴에 도착했으며, 이곳의 모든 성읍이 나오미의 슬픈 소식으로 매우 술렁거렸다.

그때는 보리를 추수하는 시기였으므로, 나오미는 룻에게 이웃의 밭에 가서 이삭을 주워 오라고 하였다. 이것은 가난한 사람들이 많이 하던 일이었다. 룻은 우연히 베들레헴의 부자인 보아스의 밭으로 가게 되었다. 보리를 베는 일꾼들이 일하는 동안, 룻은 다른 여자들과 함께 그 뒤를 따라가며 이삭을 주었다. 이때 마침 보아스가 성읍에서 와서 그 밭을 지나갔다. 그는 일꾼들을 만나자 "여호와께서 너희와 함께 하시기를 원하노라."라며 정중하게 인사했다. 사람들은 "여호와께서 나리에게 은총을 내리시길 원합니다."라고 대답했다.

그는 곧 룻을 발견하고 일꾼 감독관에게 그 여자가 누구이며, 어느 집에서 왔는지를 물었다. 감독관이 답했다. "저 여자는 나오미와 함께 온 모압 여자입니다. 이른 아침부터 잠시도 집에서 쉬지 않고 계속해서 이삭을 줍고 있습니다." 보아스가 룻에게 말했다. "그대의 평판과, 산 자와 죽은 자에게 보여준 친절함과, 시어머니인 나오미를 향한 사랑에 대해서 이야기를 들었소. 그리고 그대가 하나님의 날개 아래에서 보호받으러 왔다는 말도 들었소.

When Naomi saw how determined Ruth was, she ceased from pressing her, and they journeyed on together until they reached Bethlehem, where the whole town was greatly stirred by the sad news of Naomi.

It was then the time of the barley harvest, and Naomi told Ruth to go to one of the neighboring fields and glean some ears, as it was the custom for poor people to do. Ruth happened to light on a part of the field belonging to a certain Boaz, a rich man of Bethlehem. While the reapers were engaged in their work and Ruth was gleaning after them, together with other maidens, Boaz came out of the town and passed the field. There he met the reapers with the beautiful greeting, "The Lord be with you," and they replied, "The Lord bless you."

He then noticed Ruth, and he asked the overseer of the reapers who that girl was, and to whom she belonged. The man replied: "This is the Moabitish woman who has come with Naomi, and from early morning she has been continually gleaning the ears, without any interruption save for the short time she went into the house to rest." Then Boaz said to her: "I have heard of your repute, and of the kindness which you have shown to the dead and the living, and of your love for Naomi your mother-in-law, and that you have come to place yourself under the shadow of God's wings.

계속 여기 남아서 보리를 베는 사람들 뒤를 따라가면서 이삭을 주으시오. 아무도 그대에게 손대지 못하도록 엄격한 명령을 내려 놓았소. 여기서 일하는 여인네들과 함께 식사를 하고 하인들이 채워 놓은 주전자의 물도 마시도록 하오. 필요한 것을 찾으러 다른 곳에 가지 마시오."

그러고 나서 그들은 앉아서 함께 식사를 하였다. 그녀가 배불리 먹고도 음식이 조금 남았다. 보아스는 보리를 베던 일꾼들에게 일부러 곡식단에서 이삭을 뽑아 룻이 줍도록 바닥에 흘려 놓으라고 지시했다.

* * *

Remain here and glean after the reapers. I have given strict orders that no one shall touch you. Take your meals with the girls that are working here, and drink water from the pitchers which the servants have filled. Do not go anywhere else in search of anything that you may want."

They then sat down and took their meal together. She ate and was satisfied, and she still had some food left over. Boaz told the reapers also to pull out ears from the sheaves and drop them on the fields for Ruth to collect.

룻이 그날 저녁에 주운 것을 두들겨 터니 그 양이 상당히 많아서, 그녀는 많은 이삭을 나오미에게 가져갈 수 있었다. 또한 그녀는 자신이 먹고 남긴 음식도 집에 가지고 갔다. 나오미는 룻이 가져온 것을 보고 어디에서 가져왔는지 물었다. 룻은 그날 일어났던 일과 보아스가 얘기한 것을 모두 전했다. 그러자 나오미는 생존한 자와 사망한 자 그 누구도 저버리지 않는 하나님의 은혜와 사랑에 대해 하나님을 찬양했다. 나오미가 룻에게 또 말하기를, "그 사람은 우리와 가까운 친척이야. 그가 네 시아버지와 네 남편의 재산을 도로 찾을 수 있을 게다."라고 했다.

보리와 밀의 추수는 계속되었다. 수확이 끝났을 때 나오미가 말했다. "이제 보아스에게 가서 도움을 청할 때가 왔다. 그는 분명히 이야기를 끝까지 들어줄게다. 보아스가 곡식을 털고 있는 곳으로 한밤중에 조용히 들어가, 재산을 되찾게 해달라고 간청하거라."

룻은 시어머니가 지시한 대로 했으며, 보아스는 그녀의 애원에 깊은 감동을 받아서 저당 잡힌 밭을 다시 찾을 수 있도록 최선을 다하겠다고 약속했다. 그러나 그가 말하길 재산을 반환하는 데 우선권을 가진 더 가까운 친척이 있다는 것이었다. 그렇지만 만일 그 친척이 재산 반환을 거절할 경우, 그 다음으로 가까운 친척인 보아스 자신이 재산을 되찾을 수 있도록 노력하겠다고 했다.

She gathered on that day so much that when she beat them out in the evening she was able to bring a measureful home to Naomi. She also carried home that portion of the meal which she had left over. When Naomi saw what she had brought home, she asked her where she had been. Ruth told her all that happened, and what Boaz had said to her. And Naomi blessed God for His mercy and loving-kindness that had never forsaken them, neither the living nor the dead. Then she said to Ruth: "This man is a near relative of ours, and he will be able to redeem the property which belonged to Elimelech and to your late husband."

Meanwhile the harvest of the barley and the harvest of the corn were proceeding. When it came to an end, Naomi said: "It is time now that you go to Boaz and ask him for his help, for no doubt he will see the matter through to the end. Go quietly in the depth of the night to the place where Boaz is winnowing the corn, and there appeal to him to redeem our property."

Ruth did as she was told, and Boaz, deeply moved by her entreaties, promised to do what he could to redeem the field from the pledge. But he said there was another nearer kinsman who had the first duty to redeem the property. Should this man, however, refuse to do so, then he would be the next-of-kin, and he would be willing to redeem it.

그렇게 해서, 바로 그 다음날 그는 재판이 열리는 성문으로 갔다. 때마침 바로 그 친척이 그 앞을 지나갔다. 보아스는 그를 붙잡고 나오미와 룻의 밭을 사서 반환해달라고 했다. 그 남자는 기꺼이 그렇게 하겠다고 말했다. 그러나 보아스는 그 밭을 사게 되면 죽은 밭주인의 이름을 길이 남기기 위해서 룻과 결혼해야 할 의무가 있다고 알려 주었다. 이 말을 들은 그 친척은 자칫하면 자신의 재산을 빼앗기게 될까 두려워 그 제안을 거절했다.

구매에 관련된 의무를 수행할 것을 거절하는 경우에 발에서 신발 한 쪽을 벗어 땅에 던지는 것이 이스라엘에서 행해지던 거래 관습이었다. 그 친척은 의무의 상징인 신발을 벗어 땅에 던짐으로써 의무에서 벗어났다. 신발은 그 의무를 기꺼이 떠맡고자 하는 사람이 가져가도록 땅에 그대로 남겨 놓았다. 이 일은 열 명의 장로들이 보는 가운데 일어났다. 보아스는 그 밭을 반환 받고 룻을 아내로 맞이했다. 그녀가 아들을 낳자 이웃이 나오미에게 그 아이를 가져다주면서 이렇게 말했다. "당신의 삶을 회복시키고, 나이 많은 당신을 잘 보살펴 줄 이 아이를 보내신 여호와를 찬양합니다." 그들은 아이에게 오벳이라는 이름을 지어줬다. 그가 바로 다윗 왕의 선조였다.

"나의 백성들아, 항상 하나님을 신뢰하고 그에게 모든 문제를 털어놓아라. 하나님은 우리의 피난처이시다." — 시편 62:8

Accordingly, the very next morning he went to the gates of the town, where the court was held. And it so happened that the other kinsman passed him by. Boaz stopped him and asked him to buy the field of Naomi and of Ruth and restore it. The man was willing to do this; but Boaz reminded him that if he bought the field he would also be bound to marry Ruth, so as to perpetuate the name of the dead owner of the field. The other man then declined, as he was afraid it would encroach upon his other property.

It was then the custom in Israel with such transactions that a man who refused to take upon himself any such obligation by purchase or otherwise should slip off the shoe from his foot, and cast it on the ground. He freed himself, as it were, by this token of his obligations, and left them to be taken over by anyone willing to do so. And this that man did in the presence of ten elders. Boaz then redeemed the field, and took Ruth to wife. She bore him a son, whom the neighbors brought to Naomi, saying: "Blessed be God who by this child has been unto you a restorer of life and a support in your old age." And they called the name of the child Obed. He was the ancestor of King David.

"Trust in Him at all times, O people; pour out your hearts to Him, for God is our refuge." —Psalm 62:8

삼손과 데릴라

"주 여호와여, 나를 기억하소서." — 사사기 16:28

남부지방에 사는 블레셋 사람들은 세력이 매우 강대해졌다. 이스라엘의 자손들은 그들 선조의 하나님을 또 배반하고, 다른 나라의 신들을 숭배하였다. 그리하여 그들은 블레셋 사람의 수중에 넘어가 40년 동안이나 매우 가혹한 박해를 받았다.

당시에 그곳에는 마노아라는 사람이 살았는데, 그에게는 아이가 하나도 없었다. 어느 날 여호와의 천사가 나타나서 마노아의 아내에게 말했다. "너는 이제 곧 임신하여 아이를 낳게 될 것이다. 그리고 그 아이는 자신의 전 생애를 하나님께 바칠 나실인(성별된 사람이라는 뜻. 하나님의 사사로서 순수성을 보존하기 위해 하나님께 헌신한 사람)이 될 것이다. 그는 매우 강하며 블레셋 사람들의 손에서 이스라엘을 구해낼 것이다." 그 후 천사가 예언했던 일이 모두 현실로 일어났다. 한 아들이 태어났으며, 그의 이름을 삼손이라 하였다.

삼손은 블레셋 땅의 국경 근처에 살았는데, 종종 국경을 넘어가서 그들과 싸웠다. 그곳에서 그는 한 처녀와 사랑에 빠져 이따금씩 그녀를 만나러 갔다. 어느 날 길을 따라 걷던 중에 사자 한 마리가 포도원에 나타나 그를 향해 왔다.

Samson and Delilah

"O Sovereign Lord, remember me." —Judges 16:28

THE Philistines, who inhabited the southern part of the land, had grown very mighty. The children of Israel had again forsaken the God of their fathers, and had gone after the worship of the gods of other nations, and so they fell into the hands of the Philistines, who oppressed them very severely for forty years.

At that time there lived a man named Manoah, and he had no children. One day an angel of the Lord appeared and said to Manoah's wife: "You are going to conceive and have a son, and he will be a Nazarite of God from birth until the day of his death. He will be a very powerful man, and will save Israel from the hands of the Philistines." And it came to pass as the angel had foretold: a son was born, and he was called Samson.

Samson lived near the border of the land of the Philistines, and he often went across it to fight them. There he fell in love with a maiden, and from time to time he went to see her. One day he was walking along the road when he saw a lion come out of a vineyard towards him.

그러자 거대한 힘이 그에게서 나와 그는 마치 사람이 새끼 염소를 찢는 것처럼 그 사자를 갈기갈기 찢어 놓았다. 그러나 그는 이 일을 아무에게도 말하지 않았다. 심지어 그의 아버지와 어머니, 그리고 약혼자에게도 말하지 않았다. 얼마 후 그는 다시 그 길을 가다가, 사자의 뼈 속에 한 무리의 벌 떼가 진을 치고 살며 벌통을 만들어 놓은 것을 발견했다. 그래서 그는 벌집을 좀 꺼내 꿀을 먹고 일부는 아버지와 어머니에게 주었다. 하지만 그 벌집을 사자의 해골에서 가져왔다는 말은 역시 하지 않았다.

✳ ✳ ✳

There came upon him a mighty strength, and he tore the animal in pieces as a man tears a kid; but he told no one what had happened, neither his father, nor his mother, nor his betrothed. Some time afterwards he came along that road again, and saw that a swarm of bees had settled inside the skeleton of the lion and had made their hive there. So he took some of the honeycomb, and, eating of it, gave some to his father and some to his mother; but he did not tell them that he had taken the honeycomb from the skeleton of the lion.

삼손은 성대한 결혼 잔치를 열고, 블레셋 친구들에게 말했다. "내가 수수께끼를 낼 테니 맞춰봐라. 너희가 문제를 맞히면 옷 30벌을 너희들에게 주겠다. 하지만 만일 맞히지 못하면 너희가 내게 옷 30벌을 줘야 해." 그들은 모두 동의했으며, 삼손은 다음과 같은 수수께끼를 냈다. "먹는 자에게서 먹는 것이 나오고, 강한 자에게서 단 것이 나왔다."

아무도 이 말이 삼손이 죽인 사자와 그 해골에서 가져온 꿀을 뜻한다는 것을 몰랐기 때문에, 그들은 수수께끼를 맞힐 수가 없었다. 이렇게 되자, 그들은 삼손의 아내에게 수수께끼의 답을 알아오지 않으면 그녀가 갖고 있는 모든 것과 집을 불 질러 버리겠다고 협박했다. 이 협박이 두려웠던 삼손의 아내는 갖은 수단과 방법을 가리지 않고 삼손의 비위를 맞췄으며, 마침내 그는 그 의미를 말해 주었다. 그녀가 블레셋 사람들에게 이 말을 전하자, 그들은 자신들이 직접 수수께끼를 풀었다며 보상을 요구했다. 사건의 전후를 눈치 챈 삼손은 그들에게 말했다. "너희가 내 암소로 밭을 갈지 않았다면, 결코 내 수수께끼를 풀 수 없었을 것이다."

화가 난 그는 자기 아버지의 집으로 돌아가 버렸다. 삼손이 집을 비운 동안에 그의 친구가 삼손의 아내를 취하게 되었으며, 삼손은 돌아와서 그들에게 복수를 했다. 그는 많은 수의 여우를 잡아 꼬리에 불타는 횃불을 달고 곡식이 무르익은 블레셋 사람들의 밭에 가서 풀어 놓았으며 이 결과 블레셋 사람들이 아주 큰 손해를 보았다.

Then Samson gave a great wedding feast, and he said to his Philistine companions: "Let us try and guess riddles. If you guess mine, I will give you thirty suits of clothes, but if you do not guess it, you will have to give me thirty suits." They agreed, and this was the riddle which Samson put to them: "Out of the eater, something to eat; out of the strong, something sweet."

Not knowing that it referred to the lion which he had killed and to the honey which he had taken from the skeleton, they could not guess the riddle, so they threatened his wife that they would burn the house and all in it unless she got from Samson the solution of the riddle. She was frightened at the threat, and after many caresses Samson told her the meaning. She told the Philistines, and they acclaimed the reward, saying they had guessed the riddle. Samson knew what had happened, and said to them: "If you had not plowed with my heifer, you would not have solved my riddle."

And in anger he went back to his father's house. While Samson was away his wife was given to a companion, so when he came back he took vengeance on them. He caught a large number of foxes, tied burning torches to their tails, and then let them loose in the fields of the Philistines when the corn was ripe, causing them thereby much damage.

이번에는 이에 대한 보복으로 블레셋 사람들이 삼손을 잡으려고 애를 쓰다가, 마침내 어떤 한 장소에서 그를 포위하는 데 성공했다. 그러나 그는 나귀의 턱뼈를 집어 들어, 그것으로 일천 명을 죽였다. 그러고 나서 그는 이렇게 외쳤다. "나귀의 턱뼈로 여러 더미를 쌓았다. 나귀의 턱뼈로 일천 명을 죽였다."

그러나 블레셋 사람들과 겨뤄 얻은 큰 승리 후에 기진맥진해진 삼손은 목말라 죽지 않게 해달라고 하나님에게 외쳤다. 그러자 그가 '라맛 레히(턱뼈의 산)' 라고 명명한 언덕의 틈에서 샘이 솟아나와 삼손은 원기를 회복하게 되었다.

오랜 시간이 흐른 후에 삼손은 소렉 계곡에 사는 데릴라라는 여자와 사랑에 빠졌다. 블레셋 군주들이 이 소식을 듣고 데릴라를 찾아와서 삼손의 힘의 비밀을 알아내면 엄청난 돈을 주겠다고 제안했다. 그녀는 어느 날 삼손에게 그가 가진 힘이 어디서 나오든지, 그리고 어떻게 하면 힘을 못 쓰게 되는지를 물었다. 삼손은 한번도 마른 적이 없는 일곱 개의 축축한 칡으로 묶이면 자신이 보통 사람들처럼 약해질 것이라고 했다.

그녀는 그 이야기를 블레셋 사람들에게 전했으며, 이들은 경비병을 한 명 보내서 그녀의 집에서 몰래 잠복하게 했다. 그녀는 젖은 칡으로 삼손을 묶고 "블레셋 사람들이 당신을 잡으러 왔어요!"라고 소리쳤다. 삼손은 벌떡 일어나서는 칡을 마치 불에 탄 섬유라도 되는 양 쉽게 끊어 버렸다.

The Philistines, in their turn, tried to capture Samson, and at last succeeded in surrounding him in a certain place; but he caught hold of a jawbone of a donkey and smote and slew one thousand men. Then he exclaimed: "With the jawbone of a donkey I have made heaps upon heaps, with the jawbone of a donkey I have killed a thousand men."

But he felt exhausted, and he cried to God not to let him die of thirst after so signal a victory over the Philistines; and from a cleft in the hill, which he had called the "Ramath Lehi (Jawbone Hill)," a well sprang up, and he was refreshed.

A long time afterwards he fell in love with a woman called Delilah, who lived in the valley of Sorek. When the lords of the Philistines heard of it, they came to her and offered her a huge bribe to find out the secret of Samson's strength. So she asked him one day wherein his strength lay, and how it could be overcome. He said that if he were bound with seven wet thongs that had never been dried, he would become as weak as any ordinary man.

She told it to the Philistines, who sent a guard to watch secretly in her house. Then she tied him with the wet thongs and shouted, "The Philistines are upon you!" Samson rose up and broke the thongs as though they were fibers singed by the fire.

데릴라는 삼손에게 말했다. "나를 희롱하고 거짓말을 했군요. 당신의 그 엄청난 힘이 어디서 나오는지, 그리고 어떻게 하면 당신을 꼼짝 못하게 묶을 수 있는지 당장 말해 주세요." 삼손은 한번도 사용하지 않은 새 줄 일곱 개로 결박하면 자신의 힘이 사라질 것이라고 말했다. 데릴라는 그가 말한 대로 했으나, 그는 가느다란 실처럼 간단하게 줄을 끊어 버렸다. 다시 그녀가 말했다. "당신은 나를 무시하고 비웃었어요. 진실을 말해 주세요." 삼손은 자신의 머리카락 일곱 가닥을 베틀의 가죽 끈과 섞어 짜면 힘을 잃게 될 것이라고 말했다.

그녀는 그가 말한 대로 하고 핀으로 그것을 고정시켰으나, 그는 벌떡 일어나서 가죽 끈과 함께 핀까지 다 당겨서 빼 버렸다. 데릴라는 삼손이 사실을 말하지 않으리라는 것을 알고는 오랫동안 끈질기게 그를 괴롭혔고, 순간적으로 마음이 약해진 그는 결국 자신의 비밀을 털어놓았다. 그는 자신이 나실인으로서, 태어난 순간부터 하나님께 받쳐진 몸이라고 말했다. 그는 머리카락을 절대로 자르면 안 되었다. 머리카락이 잘리는 순간, 그의 힘은 사라질 것이었다.

데릴라는 이번에는 그가 진실을 모두 말했음을 눈치 채고, 블레셋의 군주들에게 사람을 보내서 드디어 삼손이 가진 힘의 비밀을 알아냈다고 말했다. 그러자 그들은 바로 와서 약속했던 돈을 주고 집에 잠복해 있었다. 삼손이 그녀의 무릎에 머리를 대고 잠에 빠지자, 그녀는 그가 잠들어 있는 동안에 사람들을 불러 머리카락을 깎게 하였다.

So she said to him: "You have been mocking at me and telling me lies. Tell me now the secret of your great strength and how you can be tied." And he said if he were bound with seven new ropes which had never been used, his strength would go. She did so, but he snapped them like thin threads. Again she said, "You have mocked and laughed at me; tell me the truth." And he said if the seven plaits of his hair were woven into the webbing of a loom, he would lose his strength.

She did this and fastened them with a pin, but he arose and pulled off the pin with the webbing. When she saw that he would not tell her the truth, she worried him so long that at last, in a moment of weakness, he gave his secret away. He told her that he had been dedicated to God from his birth as a Nazarite. The hair of his head must never be cut. The moment his head was shaved, his strength would go.

Delilah knew that this time he had told her the whole truth, so she sent to the lords of the Philistines, telling them that she had now discovered the secret of Samson's strength. They came up and brought the money that they had promised, and lay in wait in the house. Samson had fallen asleep with his head on her lap, so she sent for men to shave his head while he was lying there asleep.

그러고 나서 그녀는 소리쳤다. "블레셋 사람들이 당신을 잡으러 왔어요. 삼손!" 그러자 삼손이 말했다. "기운을 차리고 어서 나가야겠군." 그러나 그는 자신이 하나님의 은혜를 상실했다는 것과, 하나님의 영이 더 이상 그와 함께 하시지 않는다는 것을 알지 못했다. 그는 이제 다른 사람들과 마찬가지로 약한 존재였다.

블레셋 사람들은 그를 잡아 눈알을 뺀 다음, 가자의 감옥에 처넣은 후에 다른 노예들과 함께 맷돌을 돌리게 했다.

✳ ✳ ✳

Then she exclaimed, "The Philistines are upon you, Samson!" and he said, "I will go out and refresh myself." But he did not know that he had forfeited the favor of God, and that His spirit was no longer with him. He was now as weak as any other man.

The Philistines took hold of him and put his eyes out, and cast him into the prison in Gaza to grind the mill there with the slaves.

그러고 나서 그들은 자신들의 신에게 감사의 제사를 준비했다. 그 신들이 많은 것을 파괴하고 자신들의 땅을 못 쓰게 만들었던 장본인인 삼손을 붙잡는 데 도움을 줬다고 믿었기 때문이다.

많은 사람들이 기둥이 떠받치고 있는 커다란 건물로 모여 들었다. 그 건물 안과 지붕 위에 수많은 사람이 참석하고 있었는데, 그들은 자신들의 신에게 재물을 바치면서 흥겹게 떠들며 말했다. "삼손을 불러다가 놀려줍시다." 그래서 그들은 삼손을 감옥에서 꺼내왔다.

삼손은 감옥에 있는 동안 머리카락이 자라면서 옛날의 힘이 어느 정도 다시 돌아왔다. 그는 간수에게 이끌려서 그들 가운데로 나왔다. 삼손이 간수에게 말했다. "이 건물을 받들고 있는 기둥 옆으로 데려가 주시오. 기둥에 몸을 기댈 수 있도록 말이오." 간수가 그를 그쪽으로 데려가자 그는 오른팔로 한 기둥을 잡고 왼팔로 다른 한쪽 기둥을 잡고는, 여호와께 자신을 기억하셔서 너무나 잔인하게 자신의 두 눈알을 뽑은 블레셋 사람들에게 복수할 수 있는 힘을 달라고 기도했다. 그러고 나서 두 개의 기둥을 단단히 쥐고 "저 블레셋 사람들과 함께 죽게 해주소서!" 라고 외친 후에, 온 힘을 다해 앞으로 몸을 숙여서 기둥들을 무너뜨렸다. 그러자 건물이 그 안에 있던 모든 군주들과 사람들 위로 무너져 내렸다.

They then arranged a feast of thanksgiving to their gods, who, as they believed, had delivered Samson into their hands—Samson, who had caused so much destruction and had wasted their lands.

They gathered themselves together in a large building that rested on pillars. There were many thousands present in the house and on the roof, and while they brought sacrifices to their gods and made merry, they said: "Let them bring Samson to make sport for us." So they brought Samson from the prison.

Meanwhile the hair on his head had begun to grow, and some of the old strength had come back. He was led into their midst by a warder, and Samson said to him: "Lead me to the pillars upon which the house rests, that I may lean against them." The warder led him there, and he put his right hand on one pillar and his left hand on the other, and he prayed to God to remember him so that he might now be avenged for his two eyes, which the Philistines had so cruelly put out. Then, grasping the two pillars, he exclaimed, "May my life perish with the Philistines!" and bending forward with his full strength, he snapped the pillars, and the house fell upon all the lords and upon all the people who were in it.

삼손은 죽으면서, 자신이 살아생전에 죽였던 사람들보다 훨씬 많은 수의 사람들을 죽였다. 후에 그의 가족이 찾아와서 그의 시체를 가져다가 그의 아버지 마노아가 잠들어 있는 장지에 묻어주었다. 이 일이 있은 후에 엄청난 무질서가 만연해서 상당한 기간 동안 지속되었으며, 이로 인해서 베냐민 종족이 거의 멸망했다.

"강한 자는 자기 힘을 자랑하지 말라." — 예레미야 9:23

* * *

And Samson killed by his death more than he had killed in his life time. His family came afterwards and took the body and buried it in the burial-place of his father Manoah. After that great anarchy prevailed, which lasted for some time and nearly caused the extinction of the tribe of Benjamin.

"Let not the strong man boast of his strength."
— Jeremiah 9:23

엘리와 사무엘

"평안히 가시오. 이스라엘의 하나님이 당신의 기도를 들어주실 것입니다." — 사무엘상 1:17

이스라엘의 마지막 사사 중에 대제사장 엘리라는 사람이 있었다. 당시에는 여호와의 신전이 실로에 있었으며, 백성들은 대제사를 거행하기 위해서, 그리고 여호와 앞에서 기쁨을 누리기 위해서 일 년에 세 번씩 이곳으로 순례를 오곤 했다. 당시에 레비 부족에 엘가나라는 사람이 살고 있었다. 그에게는 브닌나와 한나라는 이름의 두 아내가 있었다. 그는 여호와 앞에서 제사를 드리기 위해서 가족을 모두 데리고 라마다임소빔에 있는 그의 집에서 이곳까지 찾아왔다.

그는 두 아내와 브닌나의 아이들을 데리고 왔다. 한나에게는 자녀가 없었기 때문이다. 그는 제사 드린 것을 나눌 때마다 다른 이들에게는 한 몫씩 주었지만, 한나에게는 두 명의 몫을 주었다. 한나를 깊이 사랑한데다가, 아이가 없는 그녀를 위로하기 위한 것이었다. 그러나 자식이 없는 것에 대한 슬픔이 너무 깊어서 그 무엇도 그녀를 위안할 수 없었다.

Eli and Samuel

"Go in peace, and may the God of Israel grant you what you have asked of Him. — 1 Samuel 1:17

ONE of the last judges in Israel was the High Priest Eli. The Tabernacle of the Lord was then in Shiloh, and there the people used to come in pilgrimage three times a year to celebrate the great festivals and to rejoice before the Lord. At that time there lived a man of the tribe of Levi named Elkanah. He had two wives, one called Peninnah, and the other Hannah. And from his house in Ramathaim-Zophim he came with his whole family to spend a festival before the Lord.

He brought with him his two wives and the children of Peninnah, for Hannah had no children; and whenever he divided the portions he gave to each one a portion, and to Hannah he gave a double one, for he loved her dearly, and he tried to comfort her for being childless. But she grieved over it, and nothing comforted her.

그래서 어느 날, 그녀는 식사를 마친 후에 신전에 갔다. 그리고 그곳에 서서 하나님께 마음의 괴로움을 털어놓으며, 비통하게 울부짖으며 기도하였다. 그녀는 마음속으로만 기도했다. 그녀의 입술이 약간 움직였으나 어떤 소리도 들리지 않았다. 그때 엘리가 곁에서 그녀를 지켜보며 앉아 있었으나 기도 소리가 들리지 않자, 그녀가 취해서 입 밖으로 한 마디도 내지 못하고 입술만 움직이는 것으로 오해했다. 그래서 그녀를 질책하며 말했다. "어째서 이렇게 취했단 말이요? 술을 끊으시오."

So one day, after the meal, she went to the Tabernacle and stood there before God, praying out of the anguish of her heart, and weeping bitterly. She prayed only with her heart; her lips moved softly, but no sound came from them. Eli was sitting by watching her, and not hearing her pray, thought she was a drunken woman who moved her lips without being able to utter a word. So he rebuked her and said: "Why are you drunk? Free yourself from the wine."

한나가 공손하게 대답했다. “저는 취하지도 않았고, 술 한 모금도 입에 대지 않았습니다. 마음이 너무 무거워 하나님께 저의 심정을 털어놓았을 뿐입니다. 나의 비통함과 슬픔을 말했을 뿐이니 저를 나쁘게 보지 말아 주세요. 여호와께 나를 기억하셔서 아들을 허락해 달라고 기도했습니다. 그러면 그의 평생 동안 하나님께 헌신하게 하겠다고 맹세했습니다. 그는 나실인이 될 것이며, 어떤 칼로도 그를 해치지 못할 것입니다.” 그러자 엘리가 답했다. “이스라엘의 하나님이 당신의 기도를 들어 주시길 바랍니다.” 그래서 한나는 행복한 마음으로 자리를 떠났다.

하나님이 한나의 기도를 들으셔서, 그녀는 일 년 후에 사무엘이라는 사내아이를 출산했다. 이에 그녀는 말했다. “내가 여호와께 그를 구하니, 여호와께서 내 기도를 들어주셨다.” 그녀는 아직 어린 사무엘을 실로에 데리고 가서 엘리에게 보이며 말했다. “이 아이가 제가 기도했던 아이입니다. 하나님이 제 기도를 들어주셨습니다. 이 아이를 이곳에서 평생 동안 하나님을 위해서 헌신하게 해주세요.” 그들은 사무엘에게 사제의 옷을 입혔으며, 해마다 한나는 이곳을 방문할 때마다 수놓은 겉옷을 만들어다 주었다.

사무엘은 엘리의 보호 아래 하나님을 경외하며 성장했다. 엘리는 이제 나이가 많이 들었다. 그에게는 홉니와 비느하스라는 두 아들이 있었는데, 이들은 여호와의 길을 따르지 않았다. 그들은 하나님의 말을 어기고, 나쁜 품행으로 여호와께 제물을 바치러 오는 사람들을 매우 괴롭혔다.

But Hannah humbly replied: "I am not drunk, nor have I tasted wine, but my heart is heavy, and I have poured out my soul before God. I have only uttered my grief and my sorrow, therefore do not ill-judge me. I prayed to God that He should remember me and grant me a male child, and I vowed to dedicate him to the service of God all his life. He shall be a Nazarite, and a razor shall not pass over his head." Then Eli replied: "May the God of Israel grant you your request." And the woman went away happy.

Her prayer was heard, and after a year she gave birth to a male child, whom she called Samuel, for she said, "I have asked him from the Ever Living, and He has listened to my prayer." While he was still quite young she brought the child to Shiloh and presented him to Eli, saying: "This is the child for whom I prayed, and God has granted my request. Now let him serve God here all his life." They dressed Samuel with the priestly robe, and every year when his mother came she brought him an embroidered coat.

And Samuel grew up in the fear of God under the guardianship of Eli. Eli was already then an old man. He had two sons, Hophni and Phinehas. These did not walk in the ways of the Lord. They disobeyed His commandments, and by their misbehavior they greatly offended the people who used to come and bring sacrifices to the Lord.

엘리는 아들들의 악행을 말리지 못했다. 그는 그들을 너무 사랑해서 혹독하게 야단칠 수가 없었다. 이로 인해서 여호와의 분노가 그와 그의 집에 불타올랐다. 그래서 여호와는 그의 집에 최후의 심판이 떨어질 것이라고 엘리에게 경고했다. 그러나 엘리는 자식들의 악행이 점점 심각해져가는 것을 막지 못했다. 그들은 악한 행위를 계속 했다. 이에 비해서 사무엘은 자라면서 하나님과 사람들에게 여전히 선한 모습을 보였다.

어느 날 밤, 엘리가 자신의 처소에서 쉬고 있는 동안, 사무엘이 여호와의 신전에 누워 있었는데 하나님의 등불이 점점 희미해졌다. 이때 여호와께서 사무엘을 부르셨다. 그러자 그는 엘리에게 달려가서 말했다. "부르심을 받고 왔습니다." 엘리가 대답했다. "부르지 않았다. 네 침상으로 돌아가거라." 다시 여호와가 사무엘을 부르자, 그는 또 한번 엘리에게 달려가서 말했다. "부르심을 받고 왔습니다." 그러자 엘리가 답했다. "부르지 않았다고 하지 않더냐? 네 침상으로 돌아가거라." 하나님이 세 번째로 사무엘을 부르셨을 때에야 엘리는 바로 하나님께서 그를 불렀음을 깨닫고, 다시 자기에게 찾아온 사무엘에게 말했다. "가서 자리에 누워라. 다시 한번 너를 부르는 소리가 나거든, '여호와여, 말씀하소서. 주의 종이 듣겠습니다.' 라고 말하거라." 잠시 후에 여호와가 다시 부르니, 사무엘은 엘리가 말한 대로 답했다. "말씀하소서. 주의 종이 듣겠습니다."

Eli did not restrain them. He was too fond of them to rebuke them severely, and the anger of the Lord was kindled against him and his house, and He warned Eli of the doom that would fall upon his house; yet Eli did nothing to prevent his children going from bad to worse. They persisted in their evil deeds. Samuel was growing up, but he remained good in the eyes of God and men.

One night, when Eli was lying down resting in his own place, Samuel was lying down in the Tabernacle, and the lamp of God became dim. Then God called Samuel, and he ran to Eli and said: "I am here, for you called me." Eli answered: "I did not call. Return to your bed." And again God called Samuel, and he again ran to Eli, saying: "Here I am, for you did call me." And Eli replied: "I did not call you; go back to bed." And a third time God called Samuel, and then Eli understood that it was God Who called, and he said to Samuel, who had again come to him: "Go, lie down; if you are called, then say, 'Speak, Lord, for your servant hears." And when God called again, Samuel replied as Eli had told him: "Speak, Lord, for your servant hears."

여호와는 전에 경고를 했음에도 불구하고 엘리가 자식들의 포악한 행동을 제지하지 않은 까닭에, 이제 엘리의 집을 심판할 때가 왔다고 사무엘에게 말씀하셨다. 그리고 그들이 범한 죄는 어떠한 제물이나 예물로도 속죄할 수 없고, 면할 수도 없다고 말씀하셨다. 아침이 되자 엘리는 사무엘에게 하나님께서 뭐라고 하셨는지 물었다. 사무엘은 자기가 들은 그 무서운 전언을 말하는 것이 마음이 내키지 않았으나, 엘리는 계속 고집을 부렸다. 결국 전언을 들은 엘리는 모든 것을 체념하고 말했다. "하나님의 섭리이니 옳다고 여기신 대로 하실 것이다."

* * *

And God said to him that the time had now come when He would punish the house of Eli, as He had threatened before, for in spite of it Eli had not restrained his children from their outrageous behavior, and no sacrifice or gifts which they might bring could atone for, or wipe out, the sins which they had committed. In the morning Eli asked Samuel what God had said. Samuel was reluctant to tell him the terrible message, but Eli insisted. When he heard it, he resigned himself and said: "It is the decree of the Ever Living; let Him do what is good in His sight."

그때까지도 블레셋 사람들은 이스라엘 백성을 포로로 잡고 있었다. 그들은 그 나라를 정복하고 이제 다시 새로운 공격을 하려고 군대를 모았다. 이스라엘 사람들은 전쟁터에서 진을 치고는 이렇게 말했다. "우리의 진지 가운데로 하나님의 언약궤를 가져오자. 그러면 여호와께서 우리의 적을 물리칠 수 있도록 도우실 것이다." 그래서 그들은 실로에 사람을 보내 병사들의 진지로 언약궤를 가져왔는데, 엘리의 두 아들인 홉니와 비느하스도 언약궤와 함께 갔다. 언약궤가 진지에 도착하자 병사들은 용기를 얻어 큰소리로 함성을 질렀다.

블레셋 사람들은 그 외침을 듣고 원인이 무엇인지를 물어보고는, 이스라엘 사람들이 그들의 여호와의 언약궤를 자신들의 진지로 가지고 왔다는 것과 이제 하나님이 그들을 위해서 싸워 주시리라는 말을 들었다. 이 말에 겁을 먹은 블레셋 사람들이 말했다. "우리에게 불행이 닥쳤구나! 누가 이스라엘의 강한 하나님과 싸울 수 있겠는가? 이집트 군대를 전멸시킨 신이 아니더냐? 우리가 그들을 종으로 삼은 것처럼 그들이 우리를 종으로 삼지 않도록 용감하게 싸우자."

하지만 사람들이 하나님을 믿는 대신에 언약궤 자체에만 신뢰를 가진 까닭에, 하나님은 이스라엘 사람들을 블레셋 사람들의 손에 넘겨주었다. 결국 블레셋 사람들은 이스라엘 사람들을 크게 이기고, 언약궤를 빼앗았으며, 큰 규모의 살육을 저질렀다. 그날 하루에만 3만 명의 사람들이 죽었으며, 그들 중에 엘리의 두 아들도 있었다. 병사 중의 하나가 진지에서 도망쳐서 실로에 도착했다.

By that time the Philistines held the people of Israel in subjection. They had occupied the country, and now they gathered their forces to attack afresh. And Israel was routed in the battle. Then they said: "Let us bring the Ark of God in our midst, for then God will help us to defeat our enemies." So they sent to Shiloh and brought the Ark of the Testimony into the camp, and the two sons of Eli, Hophni and Phinehas, accompanied the Ark into the camp. When it reached the camp, the people felt encouraged and raised a loud shout and war-cry.

When the Philistines heard the shouting, they asked for the cause of it, and were told that the Ark of the God of Israel had been brought into the camp, and that God would be fighting their battle. And the Philistines got frightened, and said: "We are in trouble! Who can fight the mighty God of Israel, Who destroyed the power of Egypt? Let us be brave and fight, lest they enslave us as we enslaved them."

And because the people had placed their trust in the Ark instead of in God Himself, He delivered them into the hands of their enemies. The Philistines defeated them, captured the Ark, and made a great slaughter. No less than thirty thousand were killed on that day, and among them both the sons of Eli. One of the men ran away from the camp and came to Shiloh.

그 병사는 신전에서 가져간 언약궤 때문에 마음이 괴로워서 큰 길에 앉아 소식을 기다리던 엘리를 만나서 패배 소식을 전했다. 엘리는 자신의 두 아들이 사망했으며 블레셋 사람들이 언약궤를 빼앗아갔다는 소식을 듣고, 그만 의자에서 뒤로 넘어져서 목이 부러져 죽었다. 엘리의 두 아들의 사악한 행동이, 하나님이 예언했으나 그들이 듣지 않았던 심판을 결국 엘리의 집에 불러들인 것이다. 이후 사무엘이 앨리를 대신해서 대제사장이 되었다.

블레셋 사람들은 커다란 환성을 지르며, 패배한 이스라엘 사람들에게서 포획한 여호와의 언약궤를 자신들의 도시로 가지고 돌아왔다. 그러나 그 기쁨도 잠깐이었다. 언약궤를 가지고 들어간 모든 도시에서 무서운 질병이 백성들 가운데 발생했다. 그래서 그들은 어떻게 해야 할지를 모른 채 언약궤를 여기저기로 옮겼다. 그들은 처음에 그들의 우두머리 신 중의 하나인 다곤의 신전에 그것을 가져갔다. 아침에 가 보니 다곤상이 언약궤 앞에 얼굴을 박고 조각난 채 쓰러져 있었으며, 그 머리와 손은 신전 밖에 나가 떨어져 있었다. 게다가 질병의 엄습 외에도, 수많은 쥐 떼의 습격까지 이어졌다.

He brought the report of the defeat to Eli, who was sitting on the high-road waiting for news, for his heart was troubled about the Ark, which had been taken away from the Tabernacle. When he heard that his two sons were killed, and that the Philistines had captured the Ark and carried it away, he fell off the seat backwards, broke his neck and died. And thus the wickedness of the sons brought upon the house of Eli that punishment which God had foretold would come upon them, and to which they had not listened. And Samuel then became High Priest in the place of Eli.

The Philistines, with great jubilation, carried into their cities the Ark of God which they had captured from the beaten Israelites. But their joy was short-lived. Into whichever city they brought the Ark, terrible disease broke out among the people, so they moved it from place to place, not knowing what to do with it. They had first taken it to the temple of one of their chief gods, Dagon. In the morning they had found the statue lying face downwards before the Ark, broken in pieces, while its head and hands were lying outside the temple. Besides being smitten with disease, they were also overrun with mice.

마침내 그들은 역병을 치료할 수 있는 방법을 그들의 현자들에게 물어 보았다. 현자들은 그들에게 고통을 주고 있는 쥐와 종기의 형상을 금으로 만들라고 했다. 그러고 나서 새끼를 난 적이 없고 멍에를 한 번도 메어보지 않은 젖먹이 암소 두 마리를 데리고 오라고 했다. 그리고 송아지들은 마구간에 떼어 놓고, 암소들은 새 수레에 메고 나서, 그 수레에 하나님의 궤를 싣고 그 옆에 금으로 만든 제물을 놓은 다음에, 소들이 가고 싶은 대로 가도록 풀어 놓으라고 했다. 만일 소들이 이스라엘 땅으로 가면, 그들에게 찾아 왔던 모든 고통의 원인이 언약궤를 가지고 있기 때문이라고 보아야 한다고 그들은 말했다.

블레셋 사람들은 그들이 권고 받은 그대로 했다. 그랬더니 매우 놀랍게도 암소들이 곧장 이스라엘 땅으로 이어지는 길로 내려갔다. 들에서 밀을 베고 있던 벧세메스 사람들은 언약궤와 제물을 실은 마차가 나타나자, 매우 기뻐하며 맞았다. 그로부터 언약궤는 기럇여아림에 보내졌으며, 이후에 예루살렘 성전으로 보내졌다.

"주는 어린아이와 젖먹이를 통해서도 주를 찬양하게 하셨습니다.
주의 원수들이 이것을 보고 부끄러워 잠잠하게 하려 하심입니다." — 시편 8:2

At last they asked their wise men what they could do to cure the pestilence. So their wise men told them to make images of gold of the mice and of the boils from which they were suffering. They were then to take two heifers which were suckling calves and which had never drawn the plow. The calves were to be shut up in their stalls, and the heifers were to be yoked to a new cart, the Ark of God was to be placed on it and the golden offerings to be put beside it, and then the heifers were to be allowed to go their own way. If they took the road to the land of Israel, then the people would know that it was the retention of the Ark which had caused all the trouble to come upon them.

The Philistines did as they were advised, and, to their great astonishment, the heifers at once took the straight road which led from their land to the land of Israel, where the wagon with its load was met with great joy by the people of Beth-shemesh, who were reaping in their fields when the cart appeared. From there it was taken to Kirjath-jearim, and later on it was brought to Jerusalem, to the Holy Temple.

"From the lips of children and infants
you have ordained praise because of your enemies,
to silence the foe and the avenger." — Psalm 8:2

사울왕 이야기

"여기 잠시 멈추시오. 내가 하나님의 말씀을 당신에게 일러 주겠소." — 사무엘상 9:27

이제 사무엘은 많이 늙었다. 그는 그의 두 아들들을 사사로 임명했지만, 그들은 아버지의 모범을 따르지도 않고, 그의 길을 걷지도 않았기에 국민들은 불만이 많아지게 되었다. 그래서 그들은 사무엘을 찾아와서 그가 이제 늙었으므로, 적에 대항해서 전쟁터에서 군대를 이끌고 자신들 앞에서 싸울 수 있는 왕과 같은 사람이 필요하다고 말했다. 왜냐하면 그들은 여전히 사방으로 적에 둘러싸여 있었기 때문이다.

사무엘은 백성의 간청을 듣고 처음에 마음이 몹시 혼란스러웠다. 그는 백성들이 하나님의 명을 어기는 것이라고 생각하고, 그러한 왕을 임명했다가는 크나큰 곤란과 역경을 초래하게 될 거라고 그들에게 설명했다. 그러나 백성들을 설득할 수는 없었다. 그들은 군대를 이끌 수 있는 왕을 선출해야 한다고 고집했다. 그러자 하나님께서 사무엘에게 말씀하시기를, 백성의 요구에 귀를 기울여서 그들을 다스릴 수 있는 왕을 임명하라고 하시면서, 그 왕은 하나님께서 직접 선택하겠다고 하셨다.

The Story of King Saul

"You stay here awhile, so that I may give you a message from God." — 1 Samuel 9:27

SAMUEL had grown old. He had appointed his two sons to be judges, but they did not follow his example nor walk in his way, and the people became very dissatisfied, so they came to Samuel and said that as he was now growing old, they wanted a man who, like a king, would go out before them and lead their army in battle against their enemies, for they were still surrounded on all sides.

When Samuel heard their request he was at first much disturbed in his mind. He thought they were rebelling against God's command, and he described to them the suffering and hardship they would bring upon themselves by the appointment of such a king. But the people were not convinced; they insisted upon having as king a military leader. And God told Samuel that he was to listen to the people's demand and to appoint a king over them, but that God would choose the man who was to be appointed.

당시에 기스라는 사람이 살고 있었는데, 그는 베냐민 지파에 속한 사람이었다. 어느 날 그의 나귀 몇 마리가 길을 잃고 돌아오지 않았다. 기스는 아들 사울을 불러서 하인들을 데리고 가서 나귀를 찾아오라고 보냈다. 사울은 오랫동안 나라 곳곳을 떠돌아다녔으나, 나귀를 찾지 못했다. 더 이상 찾는 게 소용이 없다고 판단한 사울은 종에게 말했다. "아버지가 우리마저 길을 잃었다고 생각하실 지 모르니 집으로 돌아가자. 잃은 나귀보다 우리를 더 걱정하고 가슴 아파하고 계실거야."

* * *

At that time there lived a man called Kish, who belonged to the tribe of Benjamin. One day some of his donkeys went astray. He called his son Saul, and sent him with his servants in search of the donkeys. Saul wandered a long time over many parts of the country, but could not find the donkeys. Seeing that his search had been in vain, he said to his servants: "Let us return home, for my father may think we are lost. He will grieve over us more than over his donkeys."

그들이 숩이라는 땅에 이르렀을 때 하인이 말했다. “저기요, 여기에 살고 있는 선견자에게 물어 보는 게 어떨까요? 아마도 그가 나귀가 어디 있는지, 그리고 어느 길로 가야 하는지 알려 줄 겁니다.”

그들은 올라가다가 물을 길으러 나오는 소녀들을 만났는데, 그들이 사무엘이 있는 곳을 가르쳐 주었다. 사무엘은 제사를 드리려고 이제 막 마을에 도착했으며 백성들이 그를 기다리고 있었다.

그 전날 밤에, 하나님이 사무엘에게 나타나서 이스라엘의 미래 지도자로 임명한 사람이 다음 날에 나타날 것이라고 말씀하셨다.

미리 계획되었던 대로 사무엘은 아침에 그 마을에 와서 제사에 쓸 제물을 준비했다. 모든 백성이 그를 둘러싸고 모여 있었으며, 사울과 그의 하인도 그들 가운데 있었다. 사무엘은 사울을 보자 즉시 그가 하나님이 선택한 사람이라는 것을 알았다. 왜냐하면 그는 매우 준수한 외모를 지니고 있었으며 이스라엘의 어떤 사람보다 키가 커서 사람들 사이에서 눈에 띄었기 때문이다. 사무엘은 그를 자기 집에 손님으로 초대했다. 사무엘은 그에게 경의를 표하고 다음날 이른 새벽이 되자 사울을 불러 그가 이스라엘의 지도자로 선택되었다고 알렸다.

처음에 사울은 그 자리를 사양했다. 그는 자신이 가장 작은 지파 출신이며, 자기 가족들은 보잘것없는 집안이라는 변명을 내세웠다.

They had reached then a place called Zuph, and the servant said: "Look, let us inquire of the Seer who lives here; perhaps he will tell us where the donkeys are, and which way we are to take."

As they were going up they met some maidens coming out to draw water, who directed them to the place where Samuel was. He had just come to the town to perform the sacrifice, and the people were waiting for him.

The night before, God had appeared to Samuel and had told him that on the morrow the man would come whom God had chosen to be the future leader of Israel.

Samuel came that morning to the town, as had been arranged, and he prepared the sacrifice. All the people gathered round, and Saul, with his servants, was among them. Samuel saw Saul, and he at once knew that this was the man God had chosen, for he stood out from the rest, being a very striking and handsome man, and taller from his shoulders upwards than any man in Israel. Samuel invited him to go up to his house and be his guest. There he showed him marked honor, and early the next morning at the break of day he called Saul and told him that he was to be the chosen leader of Israel.

Saul first declined the honor. He pleaded that his tribe was the smallest, and his family insignificant.

그러나 사무엘은 고집을 꺾지 않고, 예언이 사실이며 하나님의 뜻과 명령에 의해 선택되었다는 것을 나타내는 어떤 징표를 그에게 주었다. 그리고는 기름병을 가지고 와 그것을 사울의 머리에 붓고 나서 서로 이별을 고했다.

선견자가 예언한 징조가 현실로 나타나, 사울이 선지자의 무리를 만났을 때, 하나님의 성령이 그를 사로잡아 그 또한 그들과 함께 예언을 읊조리며 신의 대변자 역할을 했다. 이때부터 "사울도 예언자란 말이냐?"라는 속담이 생기게 되었다. 그는 또한 자신이 찾으러 나섰던 나귀를 아버지가 찾았다는 소식을 듣게 되었다.

* * *

But Samuel persisted, and he gave him some signs by which he, Saul, would recognize that the prophet had spoken the truth, and that he had been chosen by the will and command of God. Then he took a flask of oil and poured it over the head of Saul, and they took leave of one another.

The signs which the prophet had foretold came true, and when Saul met a band of minstrels, the Spirit of God seized him, and he also chimed in and prophesied; since then it became a proverb, "Is Saul also among the prophets?" He also heard that the donkeys which he had gone to seek had been found by his father.

이후 곧 사울은 지도자로서의 능력을 보여줬다. 암몬 왕 나하스가 길르앗의 야베스라는 도시를 장악했다. 장로들이 평화를 간청하자, 나하스는 그들의 오른쪽 눈알을 뽑는다는 조건으로 그들의 복종을 받아들이겠다고 대답했다. 이 조건은 온 이스라엘 사람들에게 그들의 친척을 저버리는 치욕이 되는 것이며, 그들을 암몬 족속의 처분에 맡겨두는 처사가 되는 것이었다.

장로들은 이런 잔혹한 조건을 듣고는 7일간의 유예를 요구하며 그들의 친척인 이스라엘 사람들에게 호소할 기간을 달라고 했다. 이스라엘 사람들이 도움을 주지 않는다면 그들은 나하스의 요구에 승복해야만 하는 것이다. 나하스가 동의하자, 장로들은 사울이 거주하고 있던 기브아로 사절을 보냈다. 사울은 사절의 말을 듣고, 이스라엘의 모든 종족들에게 함께 모여서 암몬 왕과 싸우자는 강경한 명령을 내렸다. 모두 하나같이 이에 동의했으며, 그들은 적진을 향해서 행진을 시작했다.

그는 사자를 미리 보내 야베스 사람들에게 7일째 되는 날 정오에 그가 나타나 그들을 구할 것이라는 말을 전하게 했다.

Soon afterwards Saul was able to show his capabilities as leader. Nahash, the king of the Ammonites, besieged Jabesh, a town in Gilead. When the elders sued for peace, he replied that he would accept their submission on condition that he should put out their right eye; this would be a reproach to the whole of Israel who had abandoned their kinsfolk and left them to the mercy of the Ammonites.

When the elders heard this cruel condition, they asked him to wait for seven days and allow them to appeal to their kinsfolk, the Israelites. Should the Israelites refuse to give them help, they would submit to the condition demanded by Nahash. Upon his agreeing, they sent messengers to Gibeah, the place where Saul had taken up his residence. When Saul heard the report of these envoys, he sent a stern command to all the tribes of Israel to come and offer battle to the king of the Ammonites. They responded as one man, and he marched against the enemy.

But he sent the messengers before to tell the people of Jabesh that at noon on the seventh day he would be there to deliver them.

소식을 들은 야베스 사람들은 자신들이 구출될 것임을 확신하고서, 일부러 형제들에게 버림받은 척했다. 그들은 나하스의 경계를 풀기 위해서 나하스에게 사람을 보내서 정오에 항복할 준비가 되어 있다는 말을 전했다. 그 동안 사울은 30만 군대를 거느리고 나타났다. 사울은 병사들을 세 병력으로 나누고 이튿날 새벽에 암몬 종족을 진압해서 완전히 패배시켰다. 이렇게 해서 그는 적의 손에서 야베스를 구했으며 백성들은 새 왕의 용감한 행적에 기쁨을 감추지 못했다.

"여호와께서는 자기 왕에게 큰 승리를 주시고
자기가 기름 부어 세운 자에게 한결같은 사랑을 베푸신다." — 시편 18:50

* * *

The people of Jabesh, sure of their deliverance, pretended that they had been forsaken by their brethren, and, in order to take him off his guard, sent word to Nahash saying that they were ready to surrender at noon. Meanwhile, Saul came up with his army, three hundred thousand strong. He divided them into three sections, and at the break of day he fell upon the Ammonites and defeated them, routing them completely. Thus he delivered Jabesh from the hands of the enemies, and the people rejoiced at the valiant deeds of their new king.

"He gives his king great victories; he shows unfailing kindness to his anointed." — Psalm 18:50

다윗과 골리앗

"가라, 여호와께서 너와 함께 할 것이다." — 사무엘상 17:37

사무엘이 사울에게 아말렉을 무찔러서 이스라엘의 오랜 적을 전멸시키라고 말했다. 그러나 사울은 선지자를 통해 보낸 하나님의 명을 어겼으며, 그 결과 하나님의 은총과 자비를 잃어버렸다. 사무엘이 사울에게 말하기를 왕권이 그로부터 떠났으며, 그 대신에 나라를 다스릴 사람을 하나님이 선택하실 것이라고 했다.

하나님은 사무엘을 베들레헴에 살고 있는 이새에게 보냈다. 이스라엘의 다음 왕이 될 사람이 그곳에 있었기 때문이다. 이새는 자신의 아들들을 사무엘에게 모두 보여 주었지만 그 누구도 하나님이 택하신 자 같지 않았다. 그래서 사무엘이 혹시 다른 아들이 더 있지 않은가를 묻자 이새가 답했다. "다윗이라는 막내아들이 있습니다만 양치기라서 들에 나가서 양을 지키고 있습니다." 사무엘이 그를 데려오게 했는데, 그를 보자 즉시 하나님의 음성이 들렸다. "이 소년이 내가 말하는 바로 그 사람이다." 그래서 사무엘은 비밀리에 그의 머리에 기름을 부었다.

David and Goliath

"Go, and the Lord be with you." — 1 Samuel 17:37

SAMUEL then told Saul to go up against the Amalekites and destroy the old enemies of Israel. But Saul disobeyed God's command, sent through the prophet, and thus he forfeited the grace and mercy of God. Samuel told Saul that the kingdom would be taken from him and would be given to another chosen by God to reign in his stead.

Samuel was sent by God to Jesse, who lived in Bethlehem, for there he would find the man who in time would become king of Israel. Jesse showed him all his sons, but none seemed to be the one chosen by God. So Samuel asked whether there were any more sons, and Jesse replied: "There is the youngest son, David, but he is out in the fields with the flocks, for he is a shepherd." Samuel had him fetched, and at once he heard the voice of God saying, "He is the one." So he anointed him secretly.

얼마가 지난 후에 사울은 하나님이 더 이상 자신과 함께 하지 않음을 깨닫고, 하나님께 순종하지 않은 것을 후회했다. 자신이 더 이상 깨닫지 못할 것이라는 생각이 그를 사로잡았다. 그러자 신하들은 음악이 슬픈 생각을 확실히 몰아낼 것이므로, 수금을 잘 연주하는 사람을 찾기만 하면 그가 회복될지도 모른다고 말했다. 어린 양치기 다윗만큼 수금을 잘 연주하는 사람이 없었기 때문에 그가 사울에게 불려 왔다. 왕의 마음이 어두워지고 쇠약해질 때마다 다윗은 수금을 연주하며 노래를 불렀다. 그러면 사울의 마음은 훨씬 편안해졌다.

* * *

Some time afterwards Saul felt remorse for his disobedience, for he saw that God was no longer with him; there came upon him a spirit of brooding, from which he could not be roused. Then those about him said that it might be well if a man could be found who was skilled in playing the harp, for music would surely dispel his sad thoughts. There was no one so skilled as David the young shepherd, so he was brought to Saul. And whenever the king's mind began to be clouded and his heart failed, David played and sang to him, and Saul felt more at ease.

이때 사울은 블레셋 사람들과 전쟁 중이었다. 이스라엘의 대군대가 커다란 골짜기의 한쪽 산 위에 진을 치고 블레셋 사람들과 대적할 준비를 하고 있었다. 블레셋 또한 많은 병력을 모아 놓고 다른 쪽 산에서 전투를 기다리고 있었다. 블레셋 사람들 중에 골리앗이라는 거인이 있었다. 그는 키가 거의 3미터나 됐으며, 놋으로 만든 투구를 쓰고, 대단히 무거운 갑옷을 입고 있었다. 투창의 손잡이는 베틀의 도투마리 같았으며 그 창날의 쇠 무게는 약 7kg이나 되었다.

매일 아침저녁으로 그는 밖으로 나와서 이스라엘 사람들에게 결투를 신청하며, 누가 감히 자신에게 대적할 수 있겠냐고 물었다. 만일 골리앗이 이스라엘 사람을 이기면 그들이 블레셋 사람의 노예가 되어야 했고, 반대로 그가 패하면 블레셋 사람이 이스라엘의 노예가 되어야 했다. 하지만 이스라엘 사람들은 그의 덩치를 보기만 해도 공포에 사로잡혀서 뒷걸음질을 쳤다.

이런 일이 40일 동안이나 계속되었다. 사울의 병사들 가운데 이새의 아들들이 있었다. 어느 날 조바심이 난 이새는 아들들이 어떻게 되었는지 알고 싶어, 그들의 안부를 확인하려고 음식과 함께 다윗을 보냈다. 마침 다윗이 그곳에 갔을 때, 골리앗이 다시 나타나서 이스라엘 사람들과 이스라엘의 하나님을 모욕하며 결투를 신청하고 있었다.

At this time Saul was waging war against the Philistines. A large army of Israelites was encamped on a mountain on one side of a big valley, ready to fight the Philistines, who had also gathered a large army on a mountain on the other side, waiting for battle. Among the Philistines was a giant called Goliath. He was over nine feet tall, and wore a brazen helmet, and was clothed in a very heavy coat of mail. The shaft of his spear was like a weaver's beam, and the spike of it weighed six hundred shekels of iron.

Every morning and evening he used to come out and challenge the Israelities, asking if any one of them would dare to come out to fight him. If Goliath won, then the Israelites were to be slaves to the Philistines, but should he be beaten, then the Philistines would be slaves to the Israelites. The Israelites, however, shrank back in terror at the sight of him.

This went on for forty days. Now, among the soldiers of Saul were the sons of Jesse. One day Jesse, anxious to know what had happened to his sons, sent David with some food to inquire after their health. While he was there it so happened that Goliath came forth and repeated his challenge, defying the Israelites and also the God of Israel.

다윗은 도대체 이것이 무슨 일인지, 그리고 그의 도전을 받아들일 사람이 아무도 없는지 물었다. 다윗이 골리앗에 대해 묻자, 병사들은 지금까지 아무도 감히 그의 도전을 받아들이지 못했으며, 왕이 블레셋 거인과 싸워 이기는 사람에게는 많은 재산을 주겠다고 약속했다고 말했다. 심지어, 왕은 승자에게 자기의 딸을 주겠다고 했다는 것이었다. 다윗은 실제로 왕이 그런 약속을 했었는지, 그리고 정말로 그 거인과 대적할 사람이 없는지를 다시 물었다.

* * *

David asked what all this meant, and whether there was not anyone willing to take up the challenge. When the soldiers heard David ask about Goliath, they told him that no one had ventured to take up the challenge, and that the king had promised great riches to the man who would fight and conquer the Philistines' giant; nay, he would even give him his daughter to wife. David then inquired further whether such a promise had been made, and whether there really was no one willing to take up the giant's challenge.

그를 지켜보던 다윗의 형제들이 자신들의 안부를 물으러 온 것이 아니라 전투를 구경하러 온 것이냐며 동생을 야단했다. 한편 사울이 다윗의 질문을 듣고 그를 부르자, 다윗은 자신이 기꺼이 도전을 받아들여서 골리앗과 싸울 것이라고 말했다. 사울이 물었다. "어떻게 평범한 소년에 불과한 네가 어렸을 때부터 전쟁터에서 싸워 온 골리앗 같은 사람과 싸울 수 있겠느냐?" 그러자 다윗이 대답했다. "제가 양들을 치고 있을 때, 사자와 곰이 나타나 양 한 마리를 데려갔습니다. 저는 막대기 하나로 짐승들을 후려쳐서 양을 구해낸 후에, 그들에게 달려들어 둘다 죽였습니다. 하나님의 군대를 모욕하는 거만한 블레셋과의 싸움도 그와 같을 것입니다. 하나님이 사자와 곰의 발톱에서 저를 구원했듯이, 블레셋의 손에서도 구원하실 것입니다."

그러자 사울이 그에게 말했다. "가라! 영원히 살아있는 하나님이 항상 너와 함께 계실 것이다." 그리고 사울은 다윗의 머리에 황동 투구를 씌우고 갑옷을 입혀주고 심지어는 자신의 칼까지 채워 주었다. 그러나 다윗은 그런 무거운 갑옷과 투구에 익숙하지 않아서 잘 걸을 수조차 없었다. 그래서 그는 그것을 벗어 버리고 자신에게 더욱 익숙한 무기를 가지고 거인과 싸울 준비를 했다. 그는 손에 물매를 들고 시내에서 매끄러운 돌 다섯 개를 주워서 목양 주머니에 넣고, 손에 막대기를 든 채 골리앗을 만나러 앞으로 나아갔다.

His brothers, who watched him, rebuked him for it, and said that he had not come to inquire after their health, but that he had come to watch the battle. Meanwhile Saul heard of the inquiries of David, and he sent for him, and David said that he was willing to take up the challenge and fight Goliath. Saul said, "How can you, a mere lad, try to fight a man like Goliath, who has been a man of war from his youth?" but David replied: "When I was tending the flock, a lion and a bear came and took away a sheep. I beat them with my stick and delivered the sheep from them, and I leapt upon them and killed them; and it will be the same with this arrogant Philistine who insults the armies of God, and He Who has delivered me from the paws of the lion and the bear will surely also deliver me from the hands of the Philistine."

Then Saul said to him: "Go! may the Ever Living God be with you." And Saul put a helmet of brass on his head, and clothed him in a coat of mail, and even girt him with his own sword. David, however, was not accustomed to such heavy armor, and therefore could scarcely walk. So he stripped it off; he prepared to fight the giant with weapons to which he was better accustomed, and therefore took his sling in his hand, chose five round stone from the brook, and, putting them into his shepherd's bag, with a staff in his hand he advanced to meet the Philistine.

골리앗은 앞에 방패를 든 자들을 내세운 채 다윗을 만나러 나왔다. 그는 다윗을 보더니, 자신의 상대가 상기된 얼굴과 빛나는 눈을 가진 한낱 소년이었음을 확인하고는 경멸의 눈길을 보내며 조롱하는 투로 말하였다. "막대기를 가지고 오다니, 네 눈에는 내가 한낱 개로 보이냐?" 그리고 자신의 신의 이름으로 다윗을 저주하며 말했다. "자, 덤벼봐라. 내가 곧 네 몸뚱이를 하늘의 새들과 들판의 짐승들에게 먹이로 줄 것이다." 그러자 다윗이 대답했다. "너는 창과 검을 가지고 나에게 대적하지만, 나는 네가 모독한 이스라엘 하나님의 이름으로 너와 겨룰 것이다. 오늘 여호와께서 너를 내 손에 넘겨주실 것이며, 나는 너를 죽여 네 머리를 자른 후에 너의 시체를 하늘의 새와 들판의 짐승에게 먹이로 줄 것이다. 그러면 여호와가 칼과 창으로 자기 백성을 구원한 것이 아님을 온 세상 사람들이 알게 될 것이다. 여호와께서 바로 전쟁의 지배자이므로, 그분이 너희를 우리 손에 넘길 것이다."

이 말과 함께 그는 주머니에 손을 넣어 돌을 꺼내더니 물매에 걸어서 골리앗에게 쏘았다. 그 돌이 골리앗의 이마에 명중해서 그에게 치명적인 부상을 입혔다. 골리앗은 땅에 얼굴을 처박으며 쓰러졌다. 다윗은 재빨리 달려 나가, 자신에게는 칼이 없었으므로 골리앗의 칼을 빼내어 그의 머리를 베었다.

Goliath came out to meet David with a shield-bearer in front of him. When he saw David, he looked at him with contempt, for he was a mere lad with a ruddy face and lustrous eyes, and he said to him mockingly: "Am I a dog that you are coming to me with a stick?" Then he cursed David by his God, and said to him: "Come on; I will soon give your body to be food for the birds of heaven and the beasts of the fields." But David replied: "You are coming to me with your spear and sword, but I come to you in the Name of the God of Israel Whom you have blasphemed. This day the Lord will deliver you into my hands, and I will smite you and cut your head off and give your body to be the prey of the birds of heaven and the beasts of the earth. And all the people will recognize that the Lord does not save by sword or spear, for the Lord is master of the battle, and He will give you into our hands."

With these words he thrust his hand into his bag, took out a stone, put it into his sling, and slung it at Goliath. The stone hit him on the forehead, and wounded him mortally. Goliath fell on his face to the ground. David quickly sprang forward and not having a sword of his own drew Goliath's sword and cut off his head.

블레셋 사람들은 자신들의 위대한 용사가 땅에 쓰러져 죽은 것을 보고 혼비백산하여 달아났으며, 이스라엘 사람들은 격렬하게 그들을 추격했다. 이 일은, 전쟁의 승패를 결정짓는 것은 힘센 거인의 용맹이 아니며, 사람들은 인간의 힘이 아닌 오직 하나님에게 의지해야 함을 다시 한번 보여 주었다. 하나님만이, 겸손하고 하나님을 신뢰하는 한 용감한 소년을 통해서 이스라엘 사람들을 블레셋 사람의 세력에서 구해낼 수 있었다.

✳ ✳ ✳

When the Philistines saw their mighty champion dead upon the ground, they fled in terror, hotly pursued by the Israelites. It was thus shown again that it was not the mighty valor of a giant which could decide a battle, nor the strength of human power on which the people could rely, but only on God. He alone saved them from the might of the Philistines by the valor of a mere lad, who was meek and trusted in God.

멀리서 그 전투를 지켜보던 사울은 다윗을 알아보지 못했다. 사울은 거인을 죽인 소년이 누구인지 곁에 서 있던 병사들에게 물어보았다. 그들은 그가 이새의 아들인 다윗이라고 말했다. 승자가 돌아오자 여자들이 노래를 부르며 그를 맞았다. "사울이 죽인 자는 수천 명이지만, 다윗은 수만 명을 죽였네." 그래서 사울은 다윗을 시기하기 시작했다.

사울에게는 요나단이라는 아들이 있었는데, 그는 마음이 넓은 청년이었다. 요나단은 다윗을 보자마자 그를 좋아하게 되어서, 곧 그들 사이에 깊은 애정이 싹텄다. 그러나 사울은 여전히 다윗에 대한 시기심이 점점 커져서 다윗에 대해, 그리고 요나단의 다윗을 향한 애정에 대해서 불안한 마음을 품게 되었다. 다윗이 그것을 알아채고 자신의 목숨이 위험해질까 두려워했지만, 요나단은 자기의 아버지가 다윗에게 그와 같은 감정을 품고 있다는 것을 믿을 수 없었다. 그러다가 한번은 아버지에게 큰 질책을 듣기도 하고, 분노한 아버지로부터 다윗을 보호하려다가 생명이 위태로웠던 적도 있었다.

이렇게 되자 요나단은 다윗에게 생명을 잃게 될지 모른다고 알려주었고, 다윗은 도망을 쳐 유대의 동굴로 몸을 피하였다. 그리고 사울이 죽고 자신이 그의 자리를 계승해서 유대와 이스라엘의 왕이 될 때까지 블레셋 땅에서 살았다.

"여호와를 의지하고, 교만한 자와 거짓된 신을 좇는 자를
우러러보지 않는 자에게 복이 있다." — 시편 40:4

Saul, who had watched the combat from a distance, did not recognize David; he asked those who stood near him who the lad was who had killed the giant. They told him it was David, the son of Jesse. When the victors returned, and the women met them, singing, "Saul has slain his thousands, but David his tens of thousands," he became jealous of David.

The king had a son called Jonathan, who was a generous youth, and when he saw David he felt drawn to him, and a deep affection sprang up between them. But Saul grew still more jealous of David, and had misgivings about him and about the love Jonathan had for him. David saw it and feared for his life, but Jonathan could not believe that his father entertained such feelings against his friend, and at one time he exposed himself to a rebuke, and even endangered his life, by trying to shield David against his angered father.

Jonathan then informed David that his life was forfeit, and David fled and took refuge in the caverns of Judah and among the Philistines until the death of Saul, when he became his successor and king of Judah and Israel.

"Blessed is the man who makes the Lord his trust,
who does not look to the proud,
to those who turn aside to false gods." — Psalm 40:4

솔로몬

"내가 너에게 지혜롭고 총명한 마음을 줄 것이다."
— 열왕기상 3:12

다윗왕이 죽은 후에, 그의 아들인 솔로몬이 이스라엘을 다스리는 왕이 되었다. 당시에는 아직 성전이 건축되지 않아서 백성들은 예루살렘 외곽에 있는 여러 장소로 제물을 가져오곤 했다. 그 중 하나가 기브온이었다. 솔로몬은 왕위에 즉위하자 즉시 그곳으로 갔다. 그가 여호와께 제물을 가지고 와서 감사의 제사를 드렸더니, 하나님이 그의 꿈에 나타나서 하나님이 그를 위해 무엇을 주면 좋겠는지 물으셨다.

그러자 솔로몬은 먼저 자신의 아버지 다윗에게 하나님이 주셨던 도움과, 아버지 다음으로 자신을 지도자로 만들어 준 은혜에 감사했다. 그리고 자신이 아직 어려서, 헤아릴 수 없을 만큼 많은 수의 이스라엘의 자손들을 어떻게 다스려야 할지 잘 모르겠다고 말했다. 따라서 솔로몬은 옳고 그름을 분별하고 공정하게 재판할 수 있는 지혜로운 마음과 이해심을 갖게 해달라고 요청했다.

Solomon

"I will give you a wise and discerning heart." — 1 Kings 3:12

AFTER the death of King David, his son Solomon became king over Israel. At that time the Temple had not yet been built, and the people used to bring sacrifices to different places outside Jerusalem. Such a place was Gibeon. And there King Solomon went immediately after he had become king. There he brought sacrifices to God, and thanksgiving offerings, and there he dreamed a dream, and in that dream God spoke to him and asked him what he would wish that God should give him.

And Solomon, after thanking God for the help which He had given his father David, and for the mercy which He had shown in making him ruler after his father, said that he was young, and that he did not know how to guide a people so great and so numerous as were the children of Israel. He therefore asked for a heart of wisdom and understanding, how to distinguish between right and wrong, and how to administer justice fairly.

그러자 하나님이 그의 요구에 기뻐하시고, 백성들을 잘 다스릴 수 있는 지혜와 총명 뿐만 아니라, 솔로몬이 구하지도 않은 부와 장수도 내려 주겠다고 말씀하셨다. 아침에 깨어난 솔로몬은 그것이 꿈이었다는 것을 깨달았다. 그는 예루살렘으로 돌아와 여호아의 언약궤 앞에서 하나님께 다시 감사 제물을 바쳤다.

그래서 솔로몬은 지금까지 살았던 그 누구보다도 가장 현명한 사람이 되었다. 그는 시간에 대한 모든 학문에 능통했으며, 식물, 나무, 그리고 짐승, 물고기, 새들에 관한 논문도 썼다.

✳ ✳ ✳

And God was pleased with his request, and He said to him that not only should wisdom be given to him and understanding how to guide the people, but also the great wealth and a long life for which he had not asked should also be granted to him. Solomon awoke in the morning, and he knew that it was a dream. He returned to Jerusalem, and there again offered thanksgiving sacrifices to God before the Ark of the Covenant.

And Solomon became the wisest man that ever lived. He knew all the sciences of the time, and he wrote treatises on plants and trees, and also on beasts, fishes and birds.

그의 지혜에 대한 명성은 널리 퍼져나갔다. 그리고 곧 그의 위대한 지혜를 보여 주는 계기가 된 한 사건이 일어났다.

이 사건은 외딴 집에 살고 있는 한 여자가 아기를 낳으면서 발생했다. 같은 집에 살던 다른 여자도 3일 후에 아기를 낳았다. 어느 날 저녁 여자가 자고 있는 동안 아기가 죽었다. 그것을 본 여자는 자신의 죽은 아이를 다른 여자가 낳은 아기의 요람 속에 눕혀 놓고, 살아 있는 아기를 자기 옆에 데려다 놓았다. 다른 여자는 아침에 일어나 요람 속을 보고, 아기가 죽어 있는 것과, 그 아기가 자신이 난 아기가 아니라는 것을 알았다. 집에는 다른 사람이 없었으므로 그녀는 그 여자에게 가서 말했다. "죽은 아기가 네 아기고, 살아 있는 아기가 내 아기야." 그러나 그 여자가 답했다. "아니야. 살아있는 아기가 내 아기고, 죽은 아기가 네 아기잖아."

그들은 왕 앞에 나가 호소했다. 솔로몬왕은 살아 있는 아기가 누구의 아기인지 그들에게 물었다. 그러자 죽은 아이의 엄마인 여자는 살아 있는 아기가 자기의 아이라고 주장했으며, 진짜 엄마인 여자도 죽은 아기가 자신이 난 아이라고 인정하지 않았다. 그러자 솔로몬왕은 날카로운 칼을 가져오라고 하였다. 칼을 가져오자 그는 말했다. "살아 있는 아기를 둘로 나눠서 반은 이 여자에게 주고 나머지 반은 저 여자에게 주어라."

And the fame of his wisdom spread far and wide. Soon afterwards an event occurred which gave occasion to King Solomon to show his great wisdom.

It came to pass that a woman who lived in a solitary house gave birth to a child. In the same house another woman also gave birth to a child three days after the first. One night while that woman slept her baby died. When she saw it, she took her dead child and put it in the cradle belonging to the other woman, from which she took the living child and put it by her side. When the other woman awoke in the morning, on looking at the baby in the cradle she found that it was dead and that it was not her child. There was no one else in the house, so she turned to the other woman and said: "The dead child is yours, and the living one is mine." But the other replied: "No; the living one is mine and the dead one is yours."

They went and appealed to the king. King Solomon asked them to whom the living baby belonged, and she whose child was dead claimed the living one, while the other, who was the real mother, refused to acknowledge the dead child as hers. Then King Solomon asked for a sharp sword. When it was brought, he said: "Cut the living child in two and give one half to the one woman and the other half to the other."

진짜 엄마인 여자는 아이를 가엾게 여겨 이렇게 말했다. "아기를 살려 주십시오! 아기를 살릴 수만 있다면, 저 여자에게 아이를 주셔도 좋습니다." 반면에 다른 여자는 "아기를 반으로 나눠 우리에게 각각 나눠 주십시오."라고 했다. 그 여자는 어떤 동정심도 보이지 않았다. 이를 보고 왕은 말했다. "아기를 살려달라고 한 여자에게 산 아기를 주어라. 그 여자가 자신이 진짜 어미임을 증명했기 때문이다." 백성들은 이 재판에 대한 소문을 듣고 솔로몬의 지혜를 크게 찬양했으며, 그의 명성은 날로 커져서 땅끝까지 널리 퍼졌다.

✳ ✳ ✳

She who was the mother took pity on the baby, and said, "Spare the child! Let her have it, so long as it remains alive"; while the other woman said, "Let the child be cut in two, and we will each have half." She showed no mercy. Upon which the king said: "Give the living child to her who asked that the baby should be spared, for she has thereby proved that she is the real mother." When the people heard the report of this judgment, they greatly admired the wisdom of Solomon, and the fame of him grew still greater and spread to the uttermost ends of the earth.

솔로몬은 백성들의 마음을 사로잡았고 모두가 그의 지혜를 신뢰했다. 그의 아버지 다윗이 유대와 이스라엘의 모든 적을 성공적으로 무찔렀기 때문에 평화가 오랫동안 유지되었다. 그리하여 이제 솔로몬은 다윗이 오랫동안 꿈꿔 왔던 언약궤를 보관할 성전을 왕국의 수도인 예루살렘에 건축할 계획을 실행하고자 착수했다. 솔로몬은 레바논에서 가져온 백향목과 산에서 쪼갠 거대한 돌로 성전을 지었다. 성전 안의 용기들은 모두 금과 은과 놋으로 만들어졌으며, 성전 전체를 금으로 덮었다. 그 성전은 가장 장엄한 건축물로, 약 400년 동안 사용되었다.

"지혜와 깨달음을 가진 자는 행복하다." — 잠언 3:13

Solomon had now won the hearts of the people, and they all trusted in his wisdom. Peace had been secured by his father, David, who had successfully beaten all the enemies of Judah and Israel. So he now undertook to carry out the plan which had been conceived by David, to build in Jerusalem, the capital of the kingdom, a temple in which to place the Ark of the Covenant. He made it of cedarwood brought from Lebanon, and of huge stones hewn from the mountains. The vessels were all of gold, silver and brass, and he covered the whole temple with gold. It was a most magnificent building, and it lasted four hundred years.

"Blessed is the man who finds wisdom,
the man who gains understanding." — Proverbs 3:13

요나

"그는 여호와를 피해 도망치고 있었다." — 요나 1:10

여로보암왕 2세가 이스라엘을 다스리던 시기에, 선지자 요나가 살고 있었다. 하나님이 그에게 전언을 보내서, 앗수르에 있는 큰 도시 니느웨로 가라고 명하셨다. 그곳 주민들의 죄악이 하나님에게까지 이르렀기 때문이었다. 그는 그곳의 백성들에게 악한 길을 버리지 않고 죄를 돌이키지 않으면, 하나님이 분명히 그들을 벌하고 파멸시킬 것이라고 전해야 했다.

그러나 요나는 그곳으로 가는 것이 겁나서 하나님을 피해 도망가려고 마음을 먹었다. 그래서 그는 욥바로 내려가서, 다시스로 가는 배를 발견했다. 요나는 뱃삯을 지불하고 배에 올랐다. 그러나 그들이 떠난 지 얼마 지나지 않아서 하나님이 그들에게 거대한 바람과 폭풍우를 일으키셔서, 갑판 위에 있던 모든 선원들은 배가 침몰될지 몰라 두려워했다.

Jonah

"He was running away from the Lord." — Jonah 1:10

IN the time when the King Jeroboam II ruled over Israel lived the prophet Jonah. A message from God came to him, telling him to go to Nineveh, the great town in Assyria, for its wickedness had come before God. There he was to tell the people that unless they forsook their evil ways and repented of their sins, God would surely punish and destroy them.

But Jonah was afraid to go, and he thought he would flee from God. So he went down to Jaffa(Joppa), where he found a ship which was going to Tarshish. He paid his fare and entered the ship. But no sooner had they left than God raised a mighty wind and a storm against them, and all the men on board feared that the ship would founder.

그들은 각자 자신의 신에게 기도를 했으나, 배 밑에 내려가 있던 요나는 잠에 빠져 있었다. 선장이 그에게 와서 말했다. "당신은 어떻게 이런 상황에서 잠을 잘 수 있습니까? 일어나서 당신의 신에게 도움을 구하시오. 그가 우리를 불쌍히 여겨 구해 줄지 누가 알겠소?" 그들은 서로에게 이렇게 말했다. "자, 제비를 뽑아서 이 재앙의 원인이 누구인지 알아봅시다." 그런데 제비를 뽑은 결과, 요나가 선정되었다. 선원들은 그에게 어디서 왔는지, 직업은 무엇이고, 무엇을 하고 있었는지, 그리고 어떻게 해서 그런 재앙을 불러 일으켰는지를 물었다.

✳ ✳ ✳

Each man prayed to his god, but Jonah had gone down into the hold of the ship and had laid himself down to sleep. The master of the ship came to him and said: "How can you sleep? Get up and call on your god! Maybe he will take notice of us, and we will not perish." Then they said to one another: "Let us cast lots, and we will see who is causing us this danger." And they cast lots, and the lot fell upon Jonah. They asked him where he came from, what was his occupation, and what he was doing, and why he should be the cause of this hurricane.

요나가 대답하기를 "나는 히브리 사람이오. 그리고 나는 하늘과 땅과 바다와 육지를 지으신 여호와 하나님을 경외합니다." 이어서 그는 자기가 여호와를 피해서 달아나고 있다고 말했다. 사람들은 그가 하나님을 피해서 도망치고 있다는 말을 듣고는 몹시 놀랐다. 그래서 그에게 말했다. "우리가 당신을 어떻게 해야 바다의 노여움이 가라앉는단 말이요?" 요나가 대답했다. "나 때문에 당신들이 이런 폭풍을 만났으니, 나를 들어 바다에 던지시오."

하지만 선원들은 그럴 수가 없었다. 그래서 배를 항구로 돌리려고 애를 썼으나 바다가 점점 더 흉포해지는 바람에 그렇게 하지 못했다. 선원들은 요나와 함께 죽지 않도록 해달라고, 그리고 자신들이 요나를 죽인 것에 대해서 죄를 물지 않게 해달라고 하나님에게 기도했다. 그러고 나서 요나를 들어 바다에 던졌다. 그러자 즉시 폭풍이 그치고 바다가 잔잔해졌다. 선원들은 하나님께 기도를 드리며 감사의 서약을 했다. 하나님은 큰 물고기를 예비하셔서 요나를 삼켜 바다 바닥까지 끌고 내려가게 했다.

요나는 끌려 들어온 바다 깊은 곳에서 하나님에게 기도를 했다. 그가 말하기를, "바다풀이 내 머리를 휘감고, 내가 해저의 산 밑바닥으로 가라앉아 있으며, 땅의 빗장마저 나를 포위했으나, 하나님은 나의 생명을 구덩이에서 건져내실 것입니다."

Jonah replied: "I am a Hebrew, and I fear the Lord God Who has created heaven and earth, the sea and the dry land." And he went on to tell them that he was fleeing from the Lord, and the men were very much frightened when they learned he was fleeing from God. So they said to him: "What should we do to you to appease the sea?" And he replied: "Take and cast me overboard, for I know that this storm has come upon you on my account."

But the sailors hesitated to do this, and tried hard to bring the ship back into the harbor, but they did not succeed, for the sea grew more and more tempestuous. The sailors prayed to God that they should not be allowed to perish with this man, nor should they be found guilty for his death. Then they took Jonah and cast him into the sea. The storm at once ceased, the sea grew calm. And the sailors offered prayers to God and made vows of thanksgiving. God appointed a huge fish which swallowed Jonah up and dragged him down to the bottom of the sea.

And he prayed to God from the depth of the sea into which he had been drawn. He said: "The weeds are entangled round my head, I am sunk to the bottom of the mountains, and even the bars of the earth are closed around me, yet God will bring up my soul from the pit."

3일 후에 하나님은 그 물고기에게 요나를 육지로 토해 내라고 명했다. 그리고 하나님은 다시 한번 요나에게 니느웨로 가서 그들이 회개하지 않으면 미치게 될 심판을 하나님의 이름으로 경고하라고 하셨다.

그 당시에 니느웨는 매우 큰 도시였으며, 한쪽 끝에서 다른 쪽 끝으로 가는 데 3일이나 걸렸다. 그래서 요나는 3일 동안 도시를 가로질러서 걸으면서, 40일 안에 니느웨가 멸망할 거라고 선포했다.

* * *

After three days God ordered the fish to cast Jonah up on the land. And again a message came to Jonah to go to Nineveh and warn the people in the Name of God of the punishment that would overtake them unless they repented.

Nineveh was at that time a very great city, and it took three days to cross from one end to the other. And Jonah went across it for three days, and proclaimed that in forty days Nineveh would be overthrown.

니느웨 사람들은 이스라엘 하나님의 이름으로 명하신 전갈을 듣고는, 이 말을 믿고 금식을 선포하며 스스로 굵은 삼베옷을 만들어서 입었다. 니느웨 왕은 이 소문을 듣고 왕좌에서 일어나, 왕의 관복을 벗고 굵은 삼베옷을 입은 후에, 자신들의 죄를 회개하는 백성들과 같이 잿더미에 앉았다. 왕의 명령으로 사람과 짐승에게 금식이 선포되었으며, 그 누구도 음식이나 물 한 방울 마셔서는 안 되었다. 모든 사람들이 각자의 죄를 회개해야 했으며, 이웃들에게 부당하게 빼앗은 자들은 그것이 무엇이든지 다 돌려주어야 했다. 하나님은 백성들이 열심히 회개하는 것을 보고 그들을 불쌍히 여겨서, 벌을 내리는 대신 은혜를 베푸셨다.

요나는 하나님이 뜻을 돌이킨 데 대하여, 사람들이 자신을 거짓 선지자로 생각할까 봐 두려워진 까닭에 매우 화가 났다. 그래서 요나는 하나님께 기도를 드리며 말했다. "제가 고국에 있을 때 주께서 이렇게 하실 거라고 제가 말하지 않았습니까? 저는 주께서 사랑과 은혜와 용서의 하나님이며 죄인들을 불쌍히 여긴다는 것을 알고 있습니다. 바로 그 때문에 하나님을 피해서 다시스로 달아났던 것입니다."

When the inhabitants of Nineveh heard this message in the Name of the God of Israel, they believed and proclaimed a fast, and clothed themselves in sackcloth. The news reached the King of Nineveh, and he arose from his throne, took off his royal garments, put on sackcloth, and, like people who repent of their sins, he sat in the dust. And by his order a general fast was proclaimed for men and beasts; none of them should partake of food or drink of water. Everyone was to repent of his own sins, and each should return to his neighbor whatever he had wrongfully taken from him. When God saw how greatly the people repented, He took pity on them, and instead of punishing them He showed them mercy.

When Jonah saw what had happened, he became very angry, for he feared the people might take him to be a false prophet. And Jonah prayed to God and said: "Is this not what I said when I was still in my country? I know that you are a God of love and mercy and forbearing, full of pity for the sinner, and that is why I fled from you to Tarshish."

요나는 그 도시의 동쪽에 있는 마을 외곽에 초막을 짓고, 니느웨가 어떻게 되는지 보려고 기다렸다. 그곳은 태양의 첫 광선이 직선으로 내리쬐기 때문에 몹시 더웠다. 그러자 하나님이 식물을 자라게 하셔서, 넓은 잎으로 초막 위를 가려 그늘을 만들어 주셨다. 그래서 요나는 매우 기뻐하였다. 그러나 어느 날 저녁에 하나님은 벌레를 보내 그 식물을 씹어먹게 하셔서, 잎이 말라 시들게 만들었다.

* * *

Jonah had made himself a hut outside the town on the eastern side of the city and there he waited to see what would happen to Nineveh. It was very hot there, for the first rays of the sun already touched it. Meanwhile God had caused a plant to grow, which covered the hut with its broad leaves, and thus shaded it. And Jonah was very pleased. But one night God sent a worm to pierce the plant, and caused it to dry up and shrivel.

다음날 아침 태양이 요나의 머리 위에서 쨍쨍 내리쬐자 그는 쓰러질 지경이 되어서, 그늘을 만들어서 자신을 보호해 주었던 식물이 말라버린 것을 몹시 슬퍼했다. 그러자 하나님이 그에게 물었다. "이 식물 때문에 그토록 슬프냐?" 요나가 대답했다. "네, 죽고 싶을 정도로 너무나 슬픕니다." 하나님이 말씀하셨다. "너는 연약한 식물 하나가 사라졌다고 너무 애통해 하는구나. 게다가 네가 수고하지도 않았고 키우지도 않았으며 하룻밤 사이에 났다가 하룻밤 사이에 사라진 식물이 아니더냐? 그렇다면 좌우도 분별하지 못하는 사람들이 12만 명이 넘는 그 큰 도시 니느웨에 대하여 내가 어떻게 동정하지 않을 수 있겠느냐?"

분명히 죄 때문에 죽음을 당하는 것보다는 회개하여 구원을 받는 것이 훨씬 나았다. 그것은 그들이 하나님의 창조물이기 때문이 아니라, 하나님께서 그들에 대하여 항상 사랑과 은혜로 충만하시기 때문이다.

"나 주 여호와가 분명히 말하지만, 나는 악인이 죽는 것을 기뻐하지 않고 오히려 악인이 악한 길에서 떠나 사는 것을 기뻐한다." — 에스겔 33:11

The next morning the sun poured down fiercely upon the head of Jonah, causing him to faint, and he grieved very much over the drying up of the plant which had protected him with its shady leaves. And God asked him, "Do you grieve for this plant?" and Jonah replied, "Yes, I grieve to death." And God said: "You are grieved so much over the disappearance of a mere plant as to ask to die, for which, moreover, you neither labored nor caused to grow, which came up in a night and perished in a night. Then shall I not have pity on that great city Nineveh, where there are more than six score thousands who do not even know their fellows on right and left?"

Surely it were better that they should be saved to repentance rather than perish through sin, for were they not God's creatures, and for them He is always full of love and mercy.

"As surely as I live, declares the Sovereign Lord,
I take no pleasure in the death of the wicked,
but rather that they turn from their ways and live." — Ezekiel 33:11

다니엘과 벨사살의 연회

"가장 높으신 하나님은 인간 나라를 다스리시며 누구에게든지 하나님께서 원하는 자에게 나라를 주십니다." — 다니엘 5:21

느부갓네살왕이 죽은 후에 그의 후계자 중의 한 명인 벨사살이 바빌론의 왕이 되었다. 어느 날 밤, 벨사살왕은 천 명이 넘는 영주들과 그들의 부인들 및 부관들을 모아 대연회를 열었다. 그들은 만찬을 즐기고 술을 마셨다.

왕은 술을 너무 많이 마셔 불손하고 교만한 마음이 들었다. 그는 자신의 술잔으로 술을 마시는 것으로 만족하지 못하고, 예루살렘 성전에서 가져온 금과 은으로 만든 술잔을 연회장으로 가져오게 하였다. 그는 그 술잔으로 술을 마시며, 뿐만 아니라 자신과 더불어서 영주들과 그들의 부인들과 함께 마시면서 술잔을 더럽혔다. 왜냐하면 그들은 금과 은과 돌과 나무의 신들을 찬양하며 술을 마셨으며, 이와 같이 하나님을 섬기는 예배 때만 사용했던 술잔으로 술을 마셔 살아 있는 하나님을 모욕했기 때문이다.

Daniel and the Feast of Belshazzar

"The Most High God is sovereign over the kingdoms of men and sets over them anyone He wishes." — Daniel 5:21

AFTER the death of Nebuchadnezzar, Belshazzar, one of his descendants, became king over Babylon. One night he assembled over a thousand lords with their wives and servants, and he gave them a great banquet. They were feasting and drinking.

When the king had drunk too much he became arrogant, and his mind overbearing. He was no longer satisfied to drink from the goblets and cups which he possessed, but he asked that those goblets and cups of gold and silver which had been taken from the Temple of Jerusalem should be brought to his banqueting table. There he would drink out of them, he and his lords and their wives, and would defile them, for they would drink in the honor of their gods of gold and silver, of stone and wood, and thus mock at the living God, in Whose service alone they had been used.

그들이 자신들의 선조인 느부갓네살왕의 전리품 가운데 일부인 신성한 그릇으로 술을 마시고 있을 때 갑자기 팔 하나가 나타나서 그 손가락으로 그들이 이해할 수 없는 글자와 단어를 벽에 써 내려갔으며, 촛대의 불빛이 그 불가사의한 팔과 글을 비추었다.

왕은 그것을 보고는 안색이 변하였다. 그는 두려움에 압도당했다. 왕은 두려움에 다리를 벌벌 떨면서 현자, 점쟁이, 점성가들을 모두 불러 벽에 쓰인 글을 읽고 해석하라고 지시했다. 왕은 자신이 본 광경이 너무나 충격적이었기 때문에 그 글을 해석하는 사람에게는 큰 상을 내리겠다고 약속하였다.

* * *

While they were thus drinking out of the sacred vessels which were some of the spoils of his ancestor Nebuchadnezzar, there suddenly appeared part of an arm, the fingers of which wrote on the wall in letters and words which they did not know, and the light of the lamp fell upon that mysterious arm and the writing.

When the king saw it, his face changed; he was struck with awe. His knees shook, and he called all the wise men and the diviners and astrologers, and he asked them to read and to interpret the writing on the wall. So greatly was he impressed by what he had seen that he promised a very high reward to the man who would be able to interpret it.

그는 글을 해석하는 사람에게 영예로운 보랏빛 관복을 주고, 목에 금사슬을 걸어 주며, 왕국을 다스리는 세 명의 지도자 중의 하나로 삼을 것이라고 약속했다. 그러나 불려온 현자들과 점성가들 중 누구도 그 글을 읽거나 해석하지 못했다.

왕비가 일어난 일을 듣고, 이 때문에 왕과 영주들이 매우 걱정한다는 것을 알고는, 연회장에 들어와서 왕을 알현하고 말했다. "왕이시여, 오래오래 사시기 바랍니다, 너무 걱정하지 마소서. 왕국에 지혜와 총명이 충만한 사람이 있습니다. 그는 이미 느부갓네살왕이 살았던 시대에 많은 꿈을 해석하고 여러 의문에 해결책을 제시한 바 있습니다. 왕은 그를 모든 점쟁이와 점성가의 우두머리로 삼았습니다. 다니엘을 부르소서. 그가 분명히 이 글도 해석할 수 있을 것입니다."

왕이 이 말을 듣고 사람을 보내 다니엘을 불러들이자, 그는 즉시 왕 앞에 대령했다. 왕이 그에게 말했다. "네가 느부갓네살왕이 예루살렘에서 사로잡아온 유대 포로의 자손 중의 하나인 다니엘이냐? 듣자하니, 네 안에 신성한 신들의 영이 있어서 네가 지혜롭고 총명하다고 하더구나. 만일 네가 지금 이 글을 읽고 나에게 해석해 주면, 너에게 영예로운 보랏빛 관복을 주고, 목에 금사슬을 걸어 주며, 왕국을 다스리는 세 명의 지도자 중 하나로 삼아 주마."

He would give him a purple robe of honor, and put a gold chain round his neck, and he would make him one of the three governors of the kingdom. But of the wise men and astrologers who were called, none was able to read or to interpret the writing.

When the queen heard what had happened, and how greatly the king and his lords had been troubled, she came to the banqueting hall, and, addressing the king, said: "May the king live long, yet let your thoughts not trouble you. There is a man in the kingdom full of wisdom and understanding who already in the time of Nebuchadnezzar, the king, was able to interpret dreams and to dissolve doubts. The king appointed him to be head of all the diviners and astrologers. Let Daniel be called, and he is sure to interpret also this writing."

When the king heard these words he sent for Daniel, who at once came before him. The king said to him: "Are you Daniel, one of the sons of the captivity of Judah whom King Nebuchadnezzar had brought from Jerusalem? I have heard of you that you are a man of wisdom and understanding, and that the spirit of the holy gods is in you. If you will now read and interpret to me this writing, then a purple robe will be given you, and a gold chain be put round your neck, and you will be one of the three governors of the kingdom."

하지만 다니엘은 어떠한 선물이나 상도 받으려 하지 않았다. 그는 보랏빛 관복과 금사슬과 고위직을 거절하고, 선물들은 왕이 가지라고 말하며, 그것과 상관없이 글을 해석하겠다고 했다.

그는 계속 말을 이었다. "느부갓네살왕은 위대하고 강한 왕이었습니다. 하나님이 그에게 힘과 영광을 주셨으므로 이 땅의 모든 나라들이 그 앞에서 벌벌 떨었습니다. 그는 사람을 죽이고 싶으면 죽이고, 살리고 싶으면 살릴 수 있었습니다. 하지만 자신의 권력에 취한 왕은 곧 교만해져서, 그가 가진 모든 능력을 하나님이 주셨다는 사실을 망각해 버렸습니다. 자만이 정도를 넘어 끝없이 오만해지자, 그의 마음이 변했습니다. 그래서 왕위에서 쫓겨나서 자만하는 마음이 다시 겸손하게 될 때까지 들판의 들짐승처럼 비천하게 살아야 했습니다. 그러고 나서 그는 하나님만이 하늘과 땅을 다스리며, 하나님의 뜻대로 누구든지 높이기도 하고 낮추기도 하신다는 사실을 다시 깨달았습니다. 그러나 벨사살왕이시여, 왕은 이 모든 사실을 알면서도 하나님 앞에서 스스로 낮추지 않았고, 오히려 오만해져 가장 높은 하나님의 예배를 위해 준비된 금과 은으로 만든 컵을 가져오게 하고, 영주와 그들의 부인과 부관들과 더불어 그것으로 술을 마시며, 금, 은 그리고 놋쇠, 돌로 만든 당신들의 신들을 찬양하며 하나님의 잔을 더럽혔습니다. 그러한 까닭에 하나님이 그 팔을 보내서 다음과 같은 글을 적게 하신 것입니다.

But Daniel would not accept any gifts or rewards from the king. He refused the purple robe and the gold chain and the high position, and he said let the king keep the gifts for himself, but he would try and interpret the writing.

Then he continued and said: "King Nebuchadnezzar was a great and mighty king. God gave him power and glory, and all the nations of the earth trembled before him. He could kill and keep alive whomever he chose. But then, seeing his might, he grew arrogant, and forgot to recognize that all he had was given to him by God. When his pride grew beyond measure and his heart insolent, his mind became changed; he was driven from power and lived like a beast in the fields until his pride became humbled, and then, he again knew that God alone rules in heaven and upon earth, and that He raises and lowers whomsoever He will. But you, Belshazzar, although you know all this, not only did you not humble yourself before God, but in arrogant defiance did you take the cups of gold and silver which were reserved for the service of the Most High, did you bring them to defile them and to drink out of them, together with your lords, their wives and servants, in honor of your gods of gold and silver and brass and stone; and therefore that arm has been sent by God, and the words the hand wrote are as follows:

'메네, 메네, 데겔, 바르신' 이 글자는 다음과 같이 해석이 됩니다. '메네' 는 수를 센다는 말로, 왕이 통치하는 왕국의 날수를 하나님이 세어서, 이제 그날이 끝에 다다랐다는 뜻입니다. '데겔' 은 저울에 단다는 말로 왕이 하나님의 저울에 달린 결과 표준에 미치지 못했다는 말입니다. '바르신, 베레스' 는 왕의 나라가 나누어져, 페르시아와 메디아 사람들에게 주어질 것임을 가리킵니다."

이와 같이 다니엘이 불가사의한 손이 벽에 쓴 글인, 사악함에 사로잡힌 벨사살의 파멸을 예언하는 글을 해석하고 있는 동안에, 메디아의 왕 다리우스는 무방비 상태로 있던 마을로 습격했다. 왜냐하면 모든 영주들과 부관들이 연회에 모여 있었기 때문이다. 그리고 벨사살왕은 바로 그날 밤에 죽임을 당하였다. 바빌론 왕국은 막을 내렸고, 다니엘이 예언한 대로 페르시아인이 전 제국의 지도자가 되었다.

"내일 일을 자랑하지 말아라.
하루 동안에 무슨 일이 일어날지 모른다." — 잠언 27:1

'Mene, Mene, Tekel, Parsin.' And this is their interpretation: 'Mene,' God has counted the days of your kingdom, and it has come to an end. 'Tekel,' you have been weighed in the balances and have been found wanting. 'Parsin, Peres,' Broken up has been your kingdom, and it is being given into the hands of the Persians and the Medes."

And while Daniel was thus interpreting the writing of the mysterious hand on the wall, which foretold Belshazzar the doom that had overtaken him for his wickedness, Darius, the king of the Medes, burst into the town, which had been left undefended, for all the lords and generals had been assembled at the banquet, and Belshazzar the king was slain in that very night. The kingdom of Babylon came to an end, and the Persians became masters of the whole empire, as foretold by Daniel.

"Do not boast about tomorrow,
for you do not know what a day may bring forth." — Proverbs 27:1

에스더 이야기

"유대 사람들에게는 기쁘고 즐거울 뿐만 아니라, 영광스러운 날이기도 했다." — 에스더 8:16

아하수에로왕(크셀크세스왕)이 페르시아와 메디아의 왕으로서 127개의 지방을 다스리고 있었을 때, 왕국의 수도인 수산궁에 귀족, 장군, 군주들을 초대해서 잔치를 베푼 적이 있었다. 그때 왕은 자신의 왕국의 부유함과 자신이 소장한 진기한 보물들을 그들에게 보여주었다. 이 잔치는 180일 동안이나 계속되었다.

6개월 동안 열린 연회가 끝나자, 왕은 수도에 사는 모든 주민을 위해 7일 동안 잔치를 베풀 것을 명령했다. 왕은 그들 모두를 아름다운 정원에 모이게 했는데, 대리석 기둥에 묶어 놓은 은고리에는 화려한 휘장이 드리워져 있었다. 그들은 비단에 금과 은실로 호화롭게 자수를 놓은 방석이나 안락의자에 앉았다. 포석은 갖가지 대리석과 반암으로 만들어져 있었고, 술은 왕의 명에 의해 다양한 모양의 술잔에 담기어 끝도 없이 나왔다. 제한이나 강요 없이 누구나 원하는 만큼 마실 수 있었다.

The Book of Esther

"For the Jews it was a time of happiness and joy, gladness and honor." — Esther 8:16

IT came to pass at the time when King Ahasuerus (Xerxes) was King of Persia and Media, when he ruled over one hundred and twenty-seven provinces, that he made a feast for all his nobles, generals and princes, in Shushan, the capital of the kingdom. There he displayed to them the great wealth of his empire and the wonderful treasures which he possessed. This lasted one hundred and eighty days.

When these six months were over, he ordered a banquet to be given to all the inhabitants of the capital, which was to last for seven days. He assembled them all in the beautiful garden court, hung with rich draperies on silver rings, which were fastened to marble columns. They were seated on cushions and sofas richly embroidered with silk, gold and silver. The pavement was of all kinds of marbles and porphyry, and wine was given in abundance, by the order of the king, in goblets and cups of many patterns. Everyone was allowed to have as much as he wished, without check or compulsion.

7일째가 되는 날, 왕은 자기가 마신 술로 기분이 들떠서, 자신의 아내 와스디 왕비를 잔치에 모인 사람들에게 보여주려고 왕비를 데리러 사람을 보냈다. 왜냐하면 그녀가 매우 아름다운 미모를 지녔기 때문이다. 그런데 와스디 왕비도 또한 한편에서 부녀자들을 위한 잔치를 미리 준비해 놓았었다. 여자들은 남자와 함께 잔치에서 어울려서는 안되었기 때문이다. 그녀를 부르러 온 시종에게 왕이 부른다는 말을 들은 와스디는 자신이 주최하는 잔치를 떠나서 다른 사람들 앞에 나서는 것을 거절했다. 이것은 왕에게 대단히 큰 모욕이었다. 그래서 왕은 매우 화가 났다.

* * *

On the seventh day, when the king was becoming exhilarated through the wine which he had drunk, he sent for his wife Vashti, the queen, to show her to all the people assembled, for she was a woman of very great beauty. Vashti, on her part, had also arranged a banquet for the women, for they did not associate with the men. When she heard this summons of the king which the chamberlain brought her, she refused to leave her own banqueting feast and to appear before the other people. This was a very grave insult to the great king, and his wrath was kindled.

그래서 왕은 대신들이나 법제정관과 해석관들에게 공공연하게 자신을 모욕한 왕비를 어떻게 처리해야 할지를 물었다.

그들은 왕비가 왕의 명령을 거절한 것은 단지 왕 뿐만 아니라 각 지역에서 온 군주들과 귀족들, 심지어 모든 남성들을 모욕한 것이라고 대답했다. 이 일이 온 나라에 알려진다면 여자들이 모든 남자들을 멸시할 것이며, 남자들은 대단히 큰 모욕을 느끼고 크게 분노하여 싸움이 일어날 지도 모른다는 것이었다. 그러므로 가정의 주인인 남자에게 표해야 할 존경을 여자에게 가르치기 위해 본을 보여주어야만 했다. 따라서 와스디를 엄하게 벌해야 한다고 하면서, 그들은 와스디에게서 왕비 자리를 박탈하고 멀리 추방하자고 제안하였다. 더구나 이 일은 법령에 의해 이루어져야 하며, 이 법령은 변경이나 취소가 되지 않도록 백성들이 사용하는 모든 문자와 글로 나라 전역에 공포해야 한다고 그들은 말했다.

왕은 그들의 이러한 충고에 만족했으며, 와스디를 왕비의 직위에서 몰아냈다.

어느 정도 시간이 지나자 분노가 가라앉은 왕은, 와스디에게 일어났던 일과 그녀에 대한 처사를 기억하고는 후회가 되었다. 이 모습을 본 사신들은 전국에서 최고로 아름다운 처녀들을 찾아내어 그 중 하나를 선택해 와스디의 자리를 잇게 하라고 왕에게 권하였다.

He therefore turned to the ministers of state, the keepers and interpreters of the Law, and asked them what to do with the queen, who had affronted him publicly in such a manner.

The men replied that the affront was not only offered to the king, but to all the princes and nobles, and even all men had been insulted by this refusal of the queen to obey the king's orders. If this should become known throughout the kingdom, the women might all despise the men, and there would be great wrath and strife, the men feeling the insult. An example therefore had to be made to teach the women the respect which they owed to the men, who were masters in their own houses. It was therefore necessary to punish Vashti severely, and they suggested that she should be deprived of her queenship and sent away; and this should be done by a decree, which should be proclaimed throughout the empire in all the languages and writings of the peoples, so that it should not be altered or withdrawn.

The king was pleased with the advice which was given to him, and Vashti was removed from her position.

After some time the king's wrath calmed down, and he remembered with regret what had happened to Vashti, and what had been done to her. When his chamberlains saw this, they advised the king that a search should be made through the kingdom for the most beautiful maidens, and he should then choose one of them to be the successor to Vashti.

왕은 이 충고에 만족해서 신하들에게 이 일을 진행하라고 명령하였다.

당시 수산성에 한 유대인이 살고 있었는데 그의 선조는 느부갓네살왕이 예루살렘에서 포로로 끌고온 사람이었다. 그는 이스라엘의 초대왕 사울과 같은 기스의 귀족 출신으로, 그의 이름은 모르드개였다. 그는 에스더라고도 하고 하닷사라고도 하는 사촌과 함께 살았는데, 그녀의 부모가 죽었기 때문에 삼촌인 그가 그녀를 돌보며 키웠다.

* * *

The king was pleased with the advice, and he gave orders to have it carried out.

At this time there lived in Shushan a Jew whose forefathers had been carried away captive from Jerusalem by King Nebuchadnezzar. He belonged to the same noble family of Kish as Saul, the first King of Israel, and his name was Mordecai. With him lived his cousin Hadassah, also called Esther, whom he brought up, for she was an orphan.

에스더가 대단히 매력적이고 아름다운 소녀였던 까닭에, 왕이 처녀들을 모으기 위해 마련한 곳에 그녀도 불려갔다.

거기서 그녀는 매우 기품 있게 행동했다. 차례가 되어 왕 앞에 나아가자, 왕은 그녀가 마음에 들었다. 왕은 와스디의 자리를 대신할 다음 왕비로 에스더를 선택하고 그녀의 머리에 왕관을 씌워 주었다. 왕은 그의 제국 내에 사는 여러 민족에게 많은 선물을 내려서 이 경사를 축하했다.

그러나 에스더는 모르드개의 충고에 따라서 자신이 유대의 훌륭한 귀족 출신임을 입 밖에 내지도, 자랑하지도 않았다.

모르드개 역시 궁정에서 높은 지위에 있었다. 어느 날 그는 왕의 시종관 중에 두 사람이 아하수에로왕을 죽이려는 음모를 계획하고 있다는 것을 알아냈다. 그는 에스더에게 그 사실을 알려줬으며, 그녀는 왕에게 그 음모에 대해서 경고하였다. 그 사건을 조사한 결과, 두 남자의 유죄가 판명되어 이들은 사형을 받게 되었다. 이 음모의 줄거리와 사건 해결을 위해서 모르드개가 한 역할이 모두, 왕을 위해 기록되는 일기(기록일지)에 기록되었다.

She was a most handsome and comely girl, and she too was brought to the house set aside by the king for the gathering of the maidens.

There she behaved with great modesty, and when her turn came to be presented to the king, she found favor in his eyes, and he chose her to be queen in the place of Vashti, and placed a crown upon her head. The king celebrated the occasion by granting many gifts to the various nations that lived within his empire.

But Esther, on the advice of Mordecai, neither spoke nor boasted of her noble Jewish descent.

Mordecai himself occupied a prominent position at the court of the king. At one time he discovered a plot which two of the king's chamberlains had hatched to kill Ahasuerus. He informed Esther of his discovery, and she warned the king of the plot. The matter was inquired into, and the two men were found guilty and condemned to death, and the story of the plot and the part which Mordecai had played in it were duly registered in the book of daily events, which was written for the king.

수년이 지나서 아하수에로왕은 아각의 낮은 신분 출신인 하만을 국가의 최고 지위에 앉혔다. 갑작스럽게 왕위 바로 아래인 2번째 권력자의 자리에 오르자 자만해진 그는 조신들과 귀족들에게 자신을 신으로 섬길 것을 요구했다. 하만을 만날 때마다 사람들은 그 앞에 무릎을 꿇고 엎드려 절을 올려야 했다. 사람들은 목숨을 잃을까봐 두려워서 그가 시키는 대로 했다. 그런데 유일하게 하만에게 무릎을 꿇지도 않고 엎드려 절하지도 않는 사람이 있었는데 그는 바로 유대인 모르드개였다. 그는 변함없이 여호와 하나님만을 섬기며 믿음을 지켰다.

하만은 모르드개가 자신에게 무릎을 꿇지도 않고 숭배도 하지 않는 것을 알고는 증오로 가득 차서, 모르드개와 그와 같은 신앙을 갖고 있는 모든 사람들을 죽이려고 결심했다. 왜냐하면 그는 모르드개가 유대인이란 것과, 어떤 유대인도 자신의 몸을 굽혀 절하거나 하만을 숭배하지 않을 거라는 말을 들었기 때문이다. 그래서 하만은 왕에게 가서 말했다. "전국에 널리 퍼져서 살고 있는 단일 민족이 있습니다. 그들은 왕의 명령에 따르지 않으므로 그들을 이대로 그냥 내버려두면 왕에게 유익이 될 것이 하나도 없습니다. 그들을 모두 죽일 수 있도록 허락하시면 제가 은 1만 달란트를 드려 왕의 금고에 쌓아놓겠습니다."

A few years passed, and King Ahasuerus raised to the highest post of the empire a man of low origin, called Haman the Agagite. This sudden elevation to a post second to that of the king himself so much turned his head that he demanded all the courtiers and nobles to worship him as a god. They were to kneel down and prostrate themselves before him whenever they saw him. Out of fear for their lives they did so, but the only man who would neither bend the knee nor prostrate himself in worship of Haman was Mordecai the Jew, who remained true to his faith and worshiped only God.

When Haman saw that Mordecai would neither bend his knee nor worship him, he was filled with hatred, and he determined to destroy him, and with Mordecai all those who were of the same faith, for he was told that Mordecai was a Jew, and that no Jew would prostrate himself and worship him. Haman therefore went to the king and said to him: "There is a single nation which is scattered over the whole empire. They do not obey the king's orders, and there is no benefit to be derived by the king leaving them in peace. Let them be exterminated, and I will pay into the treasury of the king ten thousand talents of silver."

하만은 왕을 쉽게 설득했으며, 왕의 인가를 얻은 법령이 공포되어, (유대력의) 12월 13일 하루 동안에 남자 여자 어른 아이 할 것 없이 유대인들을 모두 죽이라는 명령이 각 도의 통치자들에게 내려졌다. 유대인은 한 사람도 살려 두어서는 안 되며, 그들의 재산도 모두 몰수하기로 했다. 이 법령은 왕의 인장을 찍어 봉인되었으며, 수산성에도 공포되었는데, 이 때 왕과 하만은 연회를 열어 만찬을 즐기고 있었다.

이 칙령이 내려진 곳마다 유대인들은 깊은 근심에 빠졌다. 아무런 이유도, 잘못도 없는데 그들에게 대량 학살을 명령한 왕의 잔인한 법령 때문에 사방에서 통곡소리와 울부짖는 소리가 넘쳐났다. 수산성에서도 이 포고령이 거대한 파문을 불러일으켰다. 모르드개는 이 일을 알게 되자, 옷을 찢고 삼베옷을 입고는 큰소리로 비통하게 울었다.

에스더 왕비의 시녀들이 그 통곡소리를 들었다. 왕비의 시녀들은 모르드개가 굵은 베옷을 입고 왕궁 바깥을 거니는 것을 보게 되었다. 왜냐하면 관복을 제대로 갖춰 입지 않은 사람은 누구도 궁궐에 들어갈 수 없었기 때문이다. 그들은 자신들이 본 것을 에스더 왕비에게 알렸다. 그녀는 무슨 일이 일어났길래 모르드개가 삼베옷을 입었는지 알 수가 없었다. 그래서 그녀는 시종을 보내어 그 이유를 묻게 했다.

The king was easily persuaded by Haman, and, with his sanction, a decree was issued ordering all the governors of the provinces to exterminate the Jews on the thirteenth of Adar, young and old, men, women and children; not one was to be spared, and their property was to be looted. This decree was sealed with the king's seal, and a proclamation was also issued in Shushan itself, while the king and Haman were banqueting and feasting together.

Wherever this edict came, the Jews were greatly troubled; there arose a wailing and crying over his cruel decree, which gave them over to wholesale massacre for no reason and for no guilt of their own. In Shushan itself this proclamation created a great stir. When Mordecai saw it, he tore his clothes off his back, covered himself with sackcloth, and cried bitterly in a loud voice.

Queen Esther's maids heard the cry; they saw Mordecai walking in his sackcloth outside the palace, for no one was allowed to enter the court who was not properly clothed in robes. They informed Queen Esther of what they had seen. She did not understand what had happened to cause Mordecai to put on sackcloth, so she sent her chamberlain to inquire into the reason.

모르드개는 시종에게 유대인 대학살을 명하는 법령이 만들어져서 선포되었다는 것을 말하고는, 에스더에게 즉시 왕에게 가서 법령을 취소해달라고 탄원해야 한다고 말했다. 그러자 에스더 왕비는 모르드개도 알다시피 왕좌가 위치해 있는 왕궁의 안뜰에는 누구도 들어갈 수 없으며, 만일 들어간 사람에게 왕이 홀을 내밀지 않으면 사형을 당한다고 답했다. 그리고 왕이 그녀를 부르지 않은지도 30일이나 되었다고 했다.

* * *

Mordecai told him of the proclamation which had been made ordering the wholesale massacre of the Jews, and he went on to say that she should now go to the king and ask that the decree be revoked. Queen Esther then replied that, as he well knew, no one was allowed to enter the inner court of the palace, where the king sat on his throne, under penalty of death, unless the king should stretch out his scepter towards those who came in. She herself had not been called to the king for some thirty days.

이러한 대답을 들은 모르드개는 다음과 같은 전갈을 보냈다. "네가 지금 왕궁에 있다고 해서 안전할 거라고 장담하지 말거라. 왜냐하면 모든 사람이 죽음을 당할 것이고, 너와 네 아버지 집마저 패망할 것이야. 그리고 네가 이 지위까지 오른 것도 어쩌면 이와 같은 경우를 대비한 것일지도 모르지 않느냐. 네가 우리를 돕지 않는다 하더라도 다른 곳에서 도움과 구원이 반드시 올 것이다." 모르드개는 하나님이 그의 백성을 절대로 버리지 않을 것이며 하만의 사악한 계획을 좌절시키리라는 것을 알았다.

에스더 왕비는 이 전갈을 받고, 유대인을 전부 모아서 3일 동안 금식과 기도를 하며 하나님의 자비를 기원하라고 모르드개에게 전했다. 그녀도 이와 같이 한 후에 무슨 일이 있더라도 왕에게 갈 작정이었다. 만일 자신이 죽을 운명이라면 기꺼이 죽겠다고 작정했다.

에스더는 왕비의 예복을 입고 안뜰로 들어갔다. 왕은 손에 홀을 들고 왕좌에 앉아 있었다. 왕은 그녀를 보자 기뻐서 그녀를 향해서 홀을 내밀었다. 그녀는 다가가서 몸을 굽히고 홀의 끝에 입술을 대었다. 왕이 물었다. "그대의 소원이 무엇이오? 무엇이든지 말해보시오. 내 나라의 절반을 요구한다 해도, 내가 허락하겠소." 그러자 에스더가 말했다. "제 유일한 소망은 하만과 왕께서 제가 준비해 놓은 저녁식사에 와 주시는 것입니다."

When Mordecai heard that answer, he sent the following message to her: “Do not presume to believe that because you are in the royal palace you will be saved, for all will perish, even you and your father’s house, and who knows whether you have not reached this station just for an occasion like this. And if help should not come through you, we are sure that help and salvation will come from another quarter.” He knew that God would not forsake His people, and that He would frustrate the wicked plan of Haman.

When Queen Esther received this message, she sent word to Mordecai to gather all the people together, so that they should fast and pray for three days, and entreat God’s mercy. She would do likewise, and then she would go to the king, happen what may. And if she was to die, she would die.

Esther dressed herself in the royal robes and went into the inner court. The king was sitting on the throne, with a scepter in his hand. He was pleased to see Esther, and he stretched out his scepter towards her. She approached and bent down and kissed the tip of the scepter. The king asked her: “What is your request? and whatever it be, even to the half of my kingdom, it will be granted to you.” And Queen Esther said: “My only wish is that the king and Haman may come to the dinner which I have prepared for them.”

그래서 왕은 하만에게 서둘러 준비하도록 명했으며, 두 사람은 곧 식사를 하러 갔다.

그곳에서 그들은 매우 유쾌한 시간을 보냈으며, 왕은 다시 에스더에게 물었다. "그대의 소원이 무엇인지 말해 보시오." 왕비는 당장 법령에 대해서 이야기하는 게 망설여졌다. 그래서 그녀는 대답했다. "제가 만일 왕의 총애를 받고 있다면, 내일 제가 준비한 식사에 다시 한번 두 분이 함께 오십시오. 그 자리에서 제 청을 말하겠습니다."

이윽고 두 사람은 그 집을 나섰으며, 하만은 왕궁을 나서면서, 왕 이외에는 누구도 초대한 적이 없었던 왕비에게 그토록 극진한 대접을 받은 것에 여느 때보다 기분이 좋았다. 그러나 모르드개 앞을 지날 때 모르드개가 자신 앞에서 꿈쩍도 하지 않자 화만은 화가 치밀어 올랐다.

그는 집에 도착해서 자신이 지금까지 무시해 왔던 아내와 친척을 불러 모아 놓고, 자신의 높은 지위와 자신이 받아온 극진한 존경에 대해 그들에게 자랑을 늘어놓았다. 하지만 그는 이렇게 덧붙였다. "모르드개가 나를 무시하는 한 이 모든 것도 내게 만족을 주지 못해." 그러자 그의 부인이 말했다. "약 23미터 높이의 교수대를 만들라고 지시하세요. 아침에 왕에게 모르드개를 거기에 매달아 처형하라고 청하세요. 그렇게 되면 기쁘고 즐거운 마음으로 저녁식사를 하러 가실 수 있을 거예요."

Then the king gave orders to Haman to get ready quickly, and they went together to the dinner.

There they made merry, and the king again asked Queen Esther, "What is you request?" for she hesitated to speak to him at once about the decree. She replied: "If I have found favor in the eyes of the king, may the king and Haman come again tomorrow to the dinner which I will prepare, and I will then make my request."

Then they went out, and when Haman left the palace he was more than usually elated at the great honor that had been bestowed upon him by the queen, who had not invited anyone else besides the king. But when he passed Mordecai, the latter never as much as moved before him, and Haman was filled with fury against him.

When he reached his house he called his wife and relatives together, whom he had hitherto neglected, and told them of the great position, and of the great honor which had been done to him; but he added, "All this is as naught to me so long as that man Mordecai mocks at me." Then his wife said to him: "Let them make a gallows, seventy-five feet high, and in the morning ask the king to have Mordecai hanged upon it, and then you will be able to go to the dinner happy and glad hearted."

하만은 그 충고에 만족하여 교수대를 세우라고 명령했다.

그날 밤 침상에 든 왕은 잠이 오지 않아서 기록 일지를 가지고 오라고 명령했다. 계속 읽어 내려가던 중에 신하 두 사람의 음모 이야기와 모르드개가 왕의 생명을 구한 대목에 이르렀다. 왕이 물었다. "그에게 어떤 포상이나 영예가 내려졌느냐?" 신하들이 대답했다. "아무 상도 주지 않았습니다." 그러자 왕이 물었다. "지금 궁정에 들어와 있는 고문관이 있는가?" 시종이 대답했다. "하만이 있는 듯합니다."

* * *

Haman was pleased with the advice, and gave orders for the gallows to be erected.

It came to pass on that night that the king lay sleepless in his bed, so he ordered that the book of records should be brought to him. And as they were reading they came upon the story of the plot of the two chamberlains, and how Mordecai had saved the king's life. The king asked, "What reward or honor has been shown to the man?" and they replied, "Nothing has been done." The king then asked, "Is there one of the councilors about in the court of the palace?" The pages of the king replied, "We believe Haman is in the court."

마침 하만이 모르드개를 교수대에 처형해달라고 청하기 위해 궁정의 바깥뜰에 와 있었다. 왕이 말했다. "하만을 데리고 오너라." 하만이 들어오자 왕이 그에게 물었다. "내가 영예를 주고 싶은 자에게 어떻게 하면 좋겠느냐?" 자부심에 가득 차 있던 하만은 속으로 생각했다. '왕께서 영예를 주고 싶은 사람이 나 말고 또 누가 있겠는가?' 그래서 그는 말했다. "왕께서 늘 입으시는 왕실의 관복을 입히고, 머리에 관을 씌우고, 그 사람을 왕의 준마에 태워, 저명한 귀족 중의 한 사람을 시켜 그 말을 몰고 거리 이곳저곳을 다니며 '이 사람이야말로 왕이 영예를 내린 사람이다.' 라고 온 도시에 외치게 하십시오."

"가서 왕궁의 정원에 앉아 있는 유대인 모르드개에게 네가 말한 대로 하라. 하나라도 빠지면 안 된다."라고 왕이 말하였다. 하만은 당황했다. 그는 왕의와 왕관을 가지고 가서 모르드개에게 입혔다. 그리고 왕의 군마에 모르드개를 태워 수산성의 거리 곳곳을 몰고 다니며, "이 사람이야말로 왕이 영예를 준 사람이다."라고 사람들 앞에서 선포했다. 이 일을 다 끝마친 후, 하만은 지끈거리는 머리를 안고 고민에 가득 싸인 채 집으로 돌아왔다. 그는 가족들에게 자기가 당한 일을 다 말하였다. 그 말을 듣고 그의 아내 세레스는 이렇게 말했다. "만일 모르드개가 유대인이라면, 이제 당신이 그 사람 앞에서 무너지기 시작한 것이니 이제 다시는 일어날 수 없을 거예요."

He indeed had come to the outer court of the palace to ask the king to have Mordecai hanged. So the king said, "Bring him in." When Haman came in, the king asked him, "What should be done for the man the king delights to honor?" Haman was so full of his own greatness that he thought to himself, 'Who is there that the king would rather honor than me?' And he said: "Let the man be dressed in royal robes the king has worn, let the crown be put on his head, let him be mounted on the king's charger, and let one of the great nobles lead the horse through the streets, and let it be proclaimed before him in the city, 'This is the man the king delights to honor.' "

"Go and do as you say to Mordecai the Jew, who sits in the court of the palace. Not a thing is to be changed," was the answer of the king. Haman was confounded. He took the robes and the crown and clothed Mordecai with them. He made him mount the king's charger, and led Mordecai through the streets of Shushan, while they proclaimed before him, "This is the man the king delights to honor." After he had finished, Haman returned home vexed and troubled in his spirit, There he met his family again, and told them what had happened to him. Whereupon his wife Zeresh said to him: "If this Mordecai is a Jew, then as you have now begun to fall before him you will never rise."

그들이 이야기를 나누고 있는데 왕의 사신이 와서 하만에게 서둘러 연회에 참석하라고 전했다. 연회석에서 왕은 또 에스더에게 물었다. "바라는 게 무엇이오? 그게 심지어 내 영토의 반이라고 해도 아낌없이 그대에게 주겠소." 그러자 왕비가 대답했다. "만약 제가 왕의 총애를 받고 있다면 저와 저의 백성의 생명을 구해 주세요. 우리는 우리를 죽이려는 사람들의 손에 팔려 학살당하고 전멸을 당하게 되었습니다. 단지 노예로 팔리는 것이라면 제가 잠자코 있었을 것입니다. 하지만 이 원수는 대학살의 결과로 왕에게 일어날 손실을 전혀 개의치 않고 있습니다." 그러자 왕이 물었다. "그가 누구요? 감히 그런 음모를 꾸미는 자가 지금 어디 있소?" "그 사람은 바로 여기 있는 하만입니다." 왕비가 대답했다. "바로 이 사람이 우리 백성을 멸망시키려는 음모를 가진 잔인하고 사악한 자입니다."

왕은 격분하여 자리에서 일어나 정원으로 나갔다. 하만은 자신이 저지른 사악한 행동에 재앙이 떨어질 것을 감지하고, 두려움에 벌벌 떨며 왕비 앞에 엎드려 살려달라고 간청했다. 왕이 자리로 돌아오자 자리를 지키고 있던 시종 중의 한 사람이 말했다. "하만이 모르드개를 죽이려고 세운 교수대가 있습니다." 그 말을 듣자 왕은 단호하게 말하였다. "하만을 거기에 매달아라." 그리하여 그들은 하만이 모르드개를 죽이기 위해 세운 바로 그 교수대에 하만을 매달았다.

While they were speaking, the king's messenger came and called Haman hastily to the banquet. At the dinner the king again asked Esther, "What is your request? and even if it were half of my empire, it will be granted." Then the queen answered: "If I have found favor with you, spare me my life and that of my people, for we have been sold for destruction and slaughter and annihilation. I should have kept silent if we had been only sold as slaves, but the enemy does not care for the loss that will accrue to the king through our wholesale destruction." Then the king asked, "Who is he? Where is the man who has dared to do such a thing?" "This Haman here," replied the queen; "he is the enemy who has plotted our destruction, a cruel and wicked man."

The king rose excitedly and went out into the garden, and Haman was terrified and fell down before the queen, begging for his life, for he saw that evil had been determined for him. When the king returned, one of the chamberlains present said, "There are the gallows which this Haman had erected for Mordecai." Whereupon the king replied curtly, "Hang him upon it." So they hanged Haman on the very gallows which he had erected for Mordecai.

왕의 노여움이 가라앉자 에스더는 왕의 앞에 나가 하만이 왕의 승인을 얻어 공포한 유대인 학살에 대한 법령을 취소해 줄 것을 간청했다. 그러자 왕은 에스더에게, 왕이 내린 법령은 취소할 수 없도록 되어 있으나, 글자를 조금씩 바꿔 다른 법령으로 대치시킬 수는 있다고 했다. 즉 '정해진 날에 유대인을 학살한다' 라고 하는 대신 '유대인들은 그의 적의 공격으로부터 방어하기 위해서 적을 학살할 수 있다' 로 대치하기로 했다. 그리고 하만의 법령에 나온 '유대인의 재산은 몰수될 것이다' 라는 부분은 '유대인이 적의 재산을 빼앗는 것을 허락한다' 로 대치하기로 했다. 하만이 자신의 낡은 미신에 따라, 전조가 좋다고 여겨지는 날(유대인을 멸망시킬 날)을 정하려고 주사위를 던져 고른 바로 그 날을 기점으로 해서 법령을 행하기로 했다.

모르드개는 하만의 후계자로 지명되어 이 법령을 왕의 명에 의해 발표하고 왕의 인장을 찍어 봉인했다. 이 법령이 공고된 모든 지역에 사는 유대인들은 예기치 않았던 평결에 크게 기뻐했다.

When the wrath of the king had been calmed, Esther came before him and begged of him to withdraw the decree which Haman had issued, with his sanction, to massacre the Jews. But the king told her that a royal decree could not be withdrawn, but another decree could be substituted with a slight change in the wording: instead of the Jews being massacred on that day, the Jews were to defend themselves against their enemies and massacre them. And just as in Haman's decree it was stated that the property of the Jews should be looted, so the Jews would be allowed to loot that of their enemies. It was to happen on the selfsame day which had been appointed through Haman when he cast the lots to find out a day which he believed to be propitious to their old superstitions.

Mordecai also was appointed successor to Haman, and he sent out the decree in the name of the king and sealed it with the king's seal. And wherever this proclamation was made, the Jews rejoiced at this unexpected deliverance.

그날이 되자 유대인들은 모두 분기하여, 애초에 정해진 날에 맞춰서 자신들을 공격하고 학살하려고 준비하고 있던 적들에 맞서서 방어했지만, 적들의 재산에는 손을 대지 않았다.

에스더 왕비와 모르드개는 이 날과 수산성에서 싸움이 계속된 다음날을 기념하여 경축일로 정했다. 이 경축일을 부림이라고 불렀다. '부르'는 하만이 유대인을 멸망시킬 날을 정하려고 던진 바로 그 '제비(뽑기)'를 뜻하는 말이었다. 그날에 유대인은 하나님이 악인 하만의 손에서 그들을 구원한 놀라운 업적을 기억하기로 했다. 유대인은 자선의 행위로써 가난한 사람들에게 친절을 베풀고 기쁨의 표시로써 서로 선물을 주고받아 이날을 축하하기로 했다.

"남을 해치려고 함정을 파는 사람은 자기가 그 함정에 빠질 것이며
남에게 돌을 굴리는 사람은 자기가 그 돌에 치이게 될 것이다." — 잠언 26:27

When the day came the Jews accordingly rose up and defended themselves against their enemies, who had prepared themselves to attack and massacre them on that day; but the Jews did not touch their property.

Queen Esther and Mordecai then established this day and the following day, in which the fight was continued in Shushan, as a commemorative festival day. They called it Purim, because the word "Pur," means "the lot," cast by Haman when he tried to fix the day for the destruction of the Jews. On that day the Jews were to remember the wonderful manner in which God had saved them from the hands of the wicked Haman; they were to celebrate it by kindness to the poor, by charitable deeds, and by sending gifts to one another as a sign of general rejoicing.

"If a man digs a pit, he will fall into it;
if a man rolls a stone, it will roll back on him." — Proverbs 26:27

성서이야기

Stories FROM THE BIBLE

초판 펴낸날 | 2006년 9월 20일
펴낸이 | 강남현
펴낸곳 | 월드컴출판사
전화 | 02-3273-4300
팩스 | 02-3273-4303
주소 | 서울시 서초구 양재동 3-4(137-130)
등록 | 2000년 1월 17일
홈페이지 | www.wcbooks.co.kr
이메일 | wc4300@yahoo.co.kr